魏晉南北朝貨幣通覽

蔡啟祥 著

蘭臺出版社

目 錄
CONTENTS

序 文

余自幼嗜好歷代古錢，可惜當時海峽兩岸，互不往來，古錢來源缺少，第一手出土資料更是難覓，自己經濟條件又不足，所以難有進展。九〇年代卻幸運的遇上兩岸的開放，雙方交流頻繁，古錢源源不斷進入台灣，資料多了，停滯多年的興趣又油然生起，加上經濟基礎已俱備了，收藏蒐集成果一日千里，其狂熱真有「上窮碧落，下黃泉」之勢；收藏之餘，不僅獲得樂趣，但也發覺海峽一隅的台灣「錢幣學」存在許多早年失真錯誤的資料，以訛傳訛，讓後學的我，感到失望。例如：台灣文津出版公司的《中國貨幣史》第90頁：「兩漢以銅鑄幣為主的貨幣制度……元鼎二年行『赤仄錢』以赤銅鑲嵌郭。由於鑄幣技術的不斷提高……」等語。「赤仄錢」以赤銅鑲嵌郭，顯然是以「赤仄」兩字作字面解釋，沒有實物根據的論點。故心中萌出重新整理歷代古錢的衝動，然而自認才疏學淺，遲遲不敢動筆，一年復一年，又虛晃了數年。偶一日，讀梁啟超文章〈敬業與樂業〉文中說：「各人因自己的地位和才力、認真定一件事去做，凡可以為一件事的、其性質都是可敬。」又「把許多胡思、妄想杜絕了，省卻無限閒煩悶。」孔子說：「知之者、不如好之者，好之者、不如樂之者。」人生能從自己職業中領略出趣味，生活才有價值。孔子自述生平，說道：「其為人也、發憤忘食、樂以忘憂，不知老之將至云爾。」這種生活，真算得人類理想的生活了。」

受此啟示，下定決心，將自己所學——（攝影），加上自己所藏——（古錢）結合為一件「大事」來完成它。從上古的貝幣開始至民國初年止，分幾冊完成，第一冊書名定：《先秦貨幣通覽》……。

本書內容有三大部份：一、「考據資料」二、「錢幣資料」三、「相關圖片資料」。

作者／蔡啟祥
1949 年生，台灣台北市人，從事專業攝影工作十五年。
1990 年後熱衷於古泉學研究
【曾獲獎項】
青溪文藝 金環獎
時報周刊系列報導金甌獎
日本富士影展 金牌獎
香港文藝協會 推薦作家
【著作】
《七年、女人、我》
《苗族紋飾》（輔仁大學織品服裝系編 . 本人負責攝影）
《樹蔭堂收藏元寶千種圖錄》（本人負責攝影）
《先秦貨幣通覽》
《兩漢貨幣通覽》
《魏晉南北朝貨幣通覽》

其一「考據資料」：引用歷史文獻及貨幣史資料，更引用近年來考古出土報告，各地錢幣家發表文章、著述等。如：彭信威《中國貨幣史》、丁福保《歷代古錢圖說》、《文物考古》及近代泉學家孫仲匯、黃錫全等先進之文章，另有中國各省市錢幣學會刊物等等；在文章中原文引述，並註釋取得來源處及原作者大名，部份若爲本人論點，此部份皆用「本人認爲」或「拙見」或「筆者以爲」等作爲主觀的論點。文章引用希望是最新資料、或已定論者，縱然尚有爭議的論點更不放棄，因爲歷史文獻會因新出土的資料不斷翻新、修正，此乃文化上的進步，不必在意後學者的反駁；「理」是越辯越白，我們不僅有雅量接受批評，更歡迎有實物證據的指正。「錢幣學」文章、書籍很多，只是太多人只輾轉抄錄前人作品，並未立新論或提出新證據、新主張。固然新論點常常因爲新證據的不足、薄弱等等有所保留，但是「大膽假設、小心求證」乃是作學問的根本動力，寧可錯紕，也不可拘泥，更不可只拾前人牙慧而自滿。

　　其二「錢幣資料」：儘量引用自己的收藏品，歷代古錢浩翰如海，不可能集全；無法蒐集的部份，引用發表過的拓片、圖像，轉錄於書中並註明來源處。歷代新紀元的年號錢或重要稀少的錢幣或待考證的錢幣，皆標示年代、材質、規格、重量、備註等。並拍攝彩圖加以放大刊出，其餘錢幣儘可能全部以一比一原尺寸大小彩色圖片印出，此乃本書之特點。

　　其三「相關圖片資料」：「錢幣學」最深奧難懂的就是中國歷史漫長、歷代皇帝年號又多，造成考據之困難，無可避免的會頻頻引用歷代文獻資料，造成文章冗長，讀來相當吃力，很多人、事、地、物，都要從字詞間裡去想像；想像力弱的人，或耐心較差的人，實在讀來索然無味，興趣減低，最多只是看看拓片，瞭解一下自己手中藏品的珍稀和價值，滿足一下佔有慾，這對「錢幣學」的發展並無益處，也辜負了學者研究的苦心。「錢幣」上的資料、相關遺址因年代久遠，不可考或已荒蕪，難以取得攝錄，但本書以此爲「誌」，克服困難，在眞跡難覓的部份也會擷取些有關連的、生動的、趣味的，讓冷冰冰的古錢增加另外的色彩及生命，此乃本書另一特色。筆者學淺、膽大「班門弄斧」作此著述，錯誤難免，尚望前輩、學者給予指正，不勝感激。

二〇一四年五月於台北寓中

魏晉南北朝
幣制簡述

魏晉南北朝幣制簡述

「錢帛混用的時代」：自漢末三國時起一直到南北朝的時候，幣制還是很混亂，缺乏統一性和連貫性。當北方的一些民族還在過著游牧的自給生活時候，南方則因實行貨幣減重而使物價大爲波動，人民常以穀帛來代替錢幣。例如：《通典‧食貨志》載：「孔琳之議曰：『魏明帝時，錢廢用穀，四十年矣。』」又《隋書‧百官志》：「官一品每歲祿八百匹，二百匹爲一秩。從一品七百匹，一百七十匹爲一秩，……。祿率一分以帛、一分以粟、一分以錢。」所以這一個時代，大體上可以說是錢帛本位的時代，錢爲主，帛爲副。表面上看來，穀帛的使用，或限於一個時期，或限於某些方面的支付，或限於一個特殊地區，但實際上自西晉到唐、五代布帛從不失爲一種重要的支付工具；在錢幣方面自然是以銅錢爲主，南朝蕭梁曾普遍通行鐵錢，此外還有金銀錢的出現。

「年號錢的出現」：錢上記年號，增加了錢幣的史料價值，不但使錢幣的時代容易決定，而且糾正一些文獻史料的錯誤。此時年號錢有河西張軌後人所鑄的「涼造新泉」、後趙石勒的「豐貨」、巴蜀李壽的「漢興」、赫連勃勃的「大夏眞興」、劉宋的「孝建四銖」「永光」「景和」錢、北魏「太和五銖」「永安五銖」、北齊「常平五銖」。

南北朝的錢制在中國貨幣史上也顯示出一種過渡性。從秦、漢的半兩、五銖計重貨幣的範疇，轉變不再以重量爲名稱；而錢文書法變化多端，也反映了中國書法發展的軌跡。

「西域金銀幣的輸入」：外國貨幣在紀元初便隨著中外物質的交流入中國。在這一時期，主要是拜占庭和波斯的貨幣，拜占庭的貨幣是以金幣爲主，這是承繼羅馬帝國

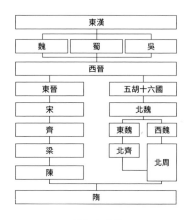

▲ 魏晉南北朝

的傳統，特別是君士坦丁的「索里杜斯」（Soidus），普通叫作「比占」
（BeZant），每枚重約四克多；波斯的幣制是以銀幣為主，這是承繼安息
的「德拉克馬」，這種薩珊王朝的銀幣大而薄，正面有帝王肖像，背面為
火壇和祭司，每枚重約四克。中國北方在西晉末年，五胡雜居，大概白銀
已有使用，北周河西各郡公開使用西域的金銀幣，政府不加禁止；朝野看
到外國的金銀幣，起而鑄造中國式的金銀錢，那是一件很自然的事。史書
中關於金銀錢的記載，正是從這時候開始的。（彭信威：《中國貨幣史》，
上海人民出版社）

◄ 拜占庭（東羅馬）
金幣：比占（BeZant）

▼ 波斯（薩珊王朝）
銀幣：德拉克馬（Drachma）

▲ 在東漢時，中國和大秦
的貿易，都是由安息商人經
營，以波斯灣以北的佩特拉
（Petra）為集散中心，佩
特拉當地人稱：黎犍（Re
kem），中國史書說大秦國
一名犁鞬。

➤ 敘利亞的「羅馬大道」。

波斯·巴姆（Bam），是絲路上一座有二千年歷史的古城，在安息時期就建築完成，大城佔地 18 萬平方公尺，並以高 7 公尺的城牆保護著，是波斯灣一帶最重要的貿易城市。

通西方的陸路，因為漢武帝在故樓蘭所設的軍事設備，到西晉時尚為中國所守衛。羅馬帝國在三世紀中葉即中國三國分立的時候，已有人發現了到撒馬爾罕的「黃金之路」。

三國鼎立

三國鼎立

　　自董卓專擅朝政，各州郡起兵討董卓，卓挾獻帝遷長安，州郡遂脫離中央，形成群雄割據之局。

　　曹操字孟德，爲人機詐，富於權謀。董卓之亂，曾起兵討卓，其後群雄割據，操曾擊破黃巾餘黨，據有兗州，自稱兗州牧，擁有「青州兵」三十萬，勇敢善戰，即以兗州爲根據地，次第發展；董卓被殺，漢獻帝從長安逃回洛陽，曹操即率兵擒王，奉迎獻帝，遷都於許（河南許昌），遂以「挾天子以令諸侯」，控制中原。爾後，擒斬呂布，消滅袁術，然後在官渡（河南中牟）擊敗了袁紹，統有華北，進謀統一天下。

　　建安十三年（西元 208 年），曹操大軍南下，適劉表卒，子劉琮以荊州降操，劉備敗走，遣諸葛亮至江東聯合孫權，共同抗操；兩軍相遇赤壁（湖北嘉魚），初一接戰，曹軍不利，周瑜以快船突襲，縱火焚燒曹軍的船艦，延及岸上軍營，曹軍大敗，退回北方。

　　赤壁之戰，是決定三國鼎立的關鍵。曹操南下受阻，轉而經營西北，占據關、隴；劉備乘機取得荊州大部，並進軍巴蜀，占領益州，進而向北奪取漢中；孫權於戰後在江東的基礎更爲穩固，並趁著坐鎮荊州的關羽北伐之際，襲取荊州，關羽敗死，於是荊州以東，全歸孫權。天下三分的形勢，至此形成。

▲「古隆中」諸葛亮隱居之處，建安十二年（西元 207 年），劉備在荊州因司馬徽、徐庶的推薦，往襄陽城西二十里的隆中，三顧茅廬。當時諸葛亮對劉備分析世局，認為中原和東吳已無發展的餘地，惟荊、益兩州尚有可乘之機……這有名的「隆中對策」，即是後來形成三國鼎立之決策。

◄ 諸葛亮對劉備提出「隆中對策」建言。

▲ 嘉魚赤壁
在嘉魚縣之東北,俗稱「石頭關」,位於長江南岸,岡巒綿綿橫垣巨崖,上鐫「赤壁」二字。

➤ 三國時東吳周瑜大破曹兵即在於此處。時吳軍在南岸,曹軍在北岸,孫吳之兵縱火燒船之處,則在赤壁對岸。(圖:《川教社歷史》)

➤ 周瑜像。

曹魏

曹魏

曹操字孟德，小字阿瞞。祖父曹騰是漢桓帝的宦官，父親是曹嵩，是曹騰的養子；曹操少年時，喜歡飛鷹走狗，遊蕩無度，曹操喜讀兵書，機警善於應變，因此當時的名士橋玄、許劭等都認爲曹操是非常之人。許邵評論曹操說：「子治世之能臣，亂世之奸雄。」曹操大笑。

曹操統有華北以後，南取荊州，立謀統一天下；結果被孫權與劉備的聯軍在赤壁打敗。

建安二十五年（西元220年），曹操卒，子曹丕篡漢，國號：魏，都洛陽，是爲魏文帝。魏文帝以黃初爲年號，係受戰國以來陰陽家五德終始論之影響。蓋漢自火德王，火生土，土尙黃，欲以土德代火德以昭漢統，故以「黃」冠其年號；其後孫權建元黃武、黃龍亦同此義。魏之衰始於文帝之時，其原因在於文帝疏忌宗室之政策而使帝室陷於孤危；文帝之疏忌宗室，起因於諸弟爭立，有名的曹植「七步詩」就是最好的寫照：「煮豆持作羹，漉鼓以爲汁，箕在釜下燃，豆在釜中泣，本是同根生，相煎何太急。」此政策未變，終至帝室孤危，政權旁落司馬氏之手。

文帝崩（在位七年），嗣子叡立，是爲魏明帝。明帝自幼好學多識，然性好奢侈，雖値爭戰之世，軍興頻繁，而不廢營建；起洛陽宮、築九華台治許昌宮……。於是百役繁興，民失農時，衰亡之機伏於此。

明帝崩（在位十三年），齊王曹芳即位，是爲魏少帝，改元：正始。明帝臨終以司馬懿和曹爽輔政，明帝死，懿誅曹爽自爲丞相，專擅魏政；其子司馬昭相繼當權，擅行廢立，魏政權全旁落司馬氏之手。

司馬昭於魏景元四年（263年），滅蜀漢，因功封晉王；昭死，子司馬炎篡位，國號：晉，是爲晉武帝，魏亡。共四十六年（西元220～265年）。

銅雀台址：
位於河北臨漳，漢魏時稱：鄴都。台為曹操所築，高達十一丈，有屋101間，上有銅鳳一隻，鑲飾以銅片及雲母，每當太陽光反映輝照，閃爍發光，極為美麗。

▶ 曹操像。

▼ 古教弩台：
又名：明教寺，俗稱：曹
操點將台，位於合肥市
東，台高近五米，為曹操
所築，用以教練使用強
弩，以對抗孫權水師。

▲ 曹魏故城在今許昌縣古城村，西元232 年曹操治許昌宮逼漢獻帝遷都於此；圖上遠處即城西的毓秀台。

◀ 地下運兵道：
傳為曹操發兵時運兵之用，規模龐大工程艱巨，分佈於亳縣四大街，延深地下四米深處，全部雙道並進，相隔一至四米道與道相通，均成丁字型，築有障礙牆為地道戰防禦之用；雙道之間有小洞，可傳話，道壁上放燈台，以備照明之用。地道戰遺址，直至宋、遼爭戰亳縣時仍在使用。

▲ 魏文帝曹丕。（閻立本 繪）

➤ 張遼像：
在逍津公園內，古為肥水上的渡口，這裡原是三
國時的古戰場，當年曹魏守將張遼領兵七千與孫
權的十萬大軍在此決戰，孫權居然戰敗撤軍，張
遼一戰成名。

▲ 今日許昌市。(1999 年攝)

曹魏的錢幣：

　　三國中曹魏的經濟比較穩定，但也不是沒有貨幣問題。建安十三年（西元 208 年）曹操就任丞相時，承繼了董卓亂後的一個殘局，貨幣制度已經崩潰，人民過著實物經濟的生活，以穀帛爲交換手段。

　　史籍曾載曹操恢復五銖，是否另有新鑄，還是只用舊錢，不得而知，這時的五銖按理應當是仿東漢五銖；明帝太和元年所更鑄的五銖在大小輕重方面可能有所不同，不過這種五銖現在尚無法識別。

　　1997 年第四期《中國錢幣》雜誌發表了一組曹魏五銖研究的文章，將有別於東漢五銖的一種文字被外輪侵壓，即「壓五壓金」五銖定爲曹魏五銖，並將形制相同的兩柱、四柱五銖以及五朱統歸爲曹魏鑄幣；這些研究，由於有出土紀年的墓葬銅錢爲依據，許多觀點突破了前人的結論，其成果是非常重要的，但是有些論點尚不夠準確，需要商榷。

　　要認定曹魏五銖首先應認定曹魏是否鑄行過五銖？根據《三國志》《魏書·明帝紀》載：「太和元年夏四月乙亥，行五銖。」；《晉書·食貨志》說：「明帝世，錢廢穀用已久，人間巧僞漸多。」，決定更鑄五銖錢。三國時，曹魏是一個大國，更鑄五銖應是情理之中，歷代鑄幣均有自己的特點，曹魏應不例外，不會完全沿用舊制，因此曹魏鑄幣是有可能的。其次，根據研究文章載，從東漢早、中期墓葬中並未發現「壓五壓金」這類五銖，只有三國、兩晉、南北朝墓葬中才有出土，尤其是江西南昌，東吳高榮墓，安徽馬鞍山，東吳朱然墓中出土的實物，証明了「壓五壓金」這類五銖在三國時期就已存在，因此，研究與認定「曹魏五銖」才可能。

　　「曹魏五銖」研究中系列文章中，除朱然墓、高榮墓由於有明確紀年，具有說服力，其餘均不足爲據。如：《曹魏五銖考》中提到「中原三國時期魏國本土，雖然中原地區尚未發現三國紀年墓葬，但發現魏、晉與北朝時期的古

錢窖藏較多」。魏、晉與北朝時間跨度大，僅晉代長達一百多年，何以判定那是曹魏五銖，那是晉代五銖呢？

因此，曹魏五銖參照《曹魏五銖考》之圖，本文 I 型可定為曹魏鑄幣，其他仍有文章可做，除了研究文獻外，主要靠考古學的發現。希望在魏國本土能發現幾座像朱然、高榮這樣有明確紀年的墓葬來証實。〔鄧傳忠、關于曹：〈魏五銖研究之我見〉，《陝西金融》26 期（1998年）〕。

筆者為此再作一次踏查，時間於 1999 年 5 月，地點在許昌曹魏故城及附近。此時正巧在故城牆邊有農民正在挖土準備燒製磚塊，四周滿地的瓦礫、瓦當及有菱形圖案的漢磚等等，露土處尋覓些銅塊（銅錢和泥土凝固物），這些銅錢經處理後，有大型如：「東漢五銖」，中型如：「壓五壓金、五銖」，小型如：「剪邊五銖」等，重量從 4 克～1.2 克間；從這曹魏故城出土的五銖錢來看，是和這些年來出土的錢窖或墓葬一樣，裡面參雜了東漢五銖及大大小

▼ 許昌曹魏故城的作坊遺址。

小的私鑄幣；它們大小不一，重量相差二倍以上，我想它們不可能是等量使用，在市場交易中勢必經過「秤」重這道手續，這種經濟手段，在歷代政治混亂或戰事頻繁時，民間交易常常會出現這種狀況，雖然官方會三申五令的糾正市場，或另鑄新幣以期統一，但百姓們此時只相信眼前秤磅下的實物——銅錢。

所以我個人認為這種重量僅 2 克的「壓五壓金」五銖，應當是曹魏時期官方鑄造的一種新五銖錢，因為文獻上確實記載了明帝更鑄五銖一事，只是史書上沒有介紹這五銖的樣式，以致後人難以確認「曹魏五銖」的樣式。但用常理來判斷，它不可能是兩漢時期 4 克重的五銖，太重了，不合當時普遍使用輕錢的環境；也不可能是董卓時的「無文小錢」重僅 1 克左右，太輕了。曹魏自詡是漢的繼承者，更不可能沿用董卓的幣制，那麼史書上的「更鑄」二字，應該是重新鑄造之義，即然要重新鑄造，就要改考慮當時的現實環境。在當時一般都鑄造大面值的虛幣，如：蜀的

直百五銖、太平百錢，以及後來吳的大泉五百、當千、二千、五千等，
這都是走新莽貨幣體系的，一般私鑄幣則使用減重的五銖錢；「五銖」是
漢制，以曹魏的立場而言，這漢五銖的面文不可能更改也不能廢，只好
重新鑄造重量 2 克為標準的五銖錢，它是很合乎市場的需要。例如：一
枚西漢五銖或東漢早期五銖的重量在 4 克左右，而私鑄或剪邊五銖錢等

▲ 一堆出土的五銖錢。

僅1.2克左右，兩者也都能用二比一兌換方法來進行；即使鄰國蜀錢「直百」、「直百五銖」等重量也減重至2克左右了，（這時已是劉禪當政，經濟情況也已大不如前期，銅幣鑄造也免不了步入減重發行這條路上），當然也影響不到曹魏更鑄發行重2克的五銖錢。這種推論在以往會被視為沒根據的推理，今日已經有以上這麼明確的墓葬紀年來支持；

何況這類「壓五壓金」的五銖錢，製作還算精整，重量變化不大，鑄幣品質是在嚴格控制下的產物，今存世尚多，不會是粗製濫造的私鑄錢。所以我認爲這種「壓五壓金」形制的五銖，就是曹魏五銖標準樣式了。

至於同時在魏墓葬出土的「二柱、四柱五銖」及「五朱」是曹魏五銖，相信有很多人有意見。我個人認爲它仍然是私鑄幣的一部份，二柱、四柱應該只是記號或紀范的用意，兩漢五銖錢面文、錢背上記星文是常有的事，不能就此認定它是曹魏五銖；至於「五朱」，它是沿襲「對文」錢所衍生出來的產物，原本好好一枚漢五銖被鑿成了兩枚，巧取爲二，也是減重投機行爲，泱泱大國的曹魏應不齒爲林吧！要更鑄五銖就要做得有模有樣；何況「銖」字與「朱」字不僅書寫不同，意思也不盡相同，魏明帝更鑄的五銖錢「至晉用之，不聞有所創」，古人撰寫史籍應該不會弄錯。另外，漢墓出土的人俑上也有掛上五朱小銅錢；陪葬品中的搖錢樹，上面也有五朱的銅錢；漢畫磚上也常刻有「五朱」二字的錢紋。所以五朱錢歷代皆有鑄造，包括後來的沈郎也鑄五朱錢。曹魏政權僅四十多年，前期經濟退化到以物易物的階段，後期一下子鑄出許多種「五銖」貨幣，這是不可能的，也不合邏輯。即然「人間巧僞漸多」，決定「更鑄五銖」，當然就要廢私鑄，以彰顯公權力，那麼官鑄錢幣就要力求統一，以取得公信，怎麼可能再度去模仿私鑄錢的樣式呢？這不是徒增交易上的混亂嗎？

曹魏五銖

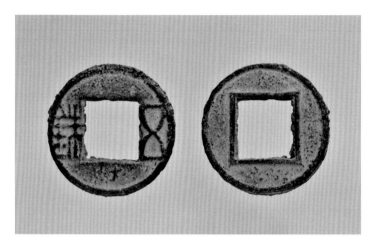

 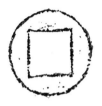

22.5mm　2.2g

22.5mm　　　22.5mm
2.1g　　　　2.1g

22.5mm　　　22.0mm
2.3g　　　　1.8g

CHAPTER

蜀漢

蜀漢

　　劉備字玄德，爲漢景帝的後裔，曾討黃巾有功，原無固定的據地，流離顛沛，曾一度爲徐州牧。先後依附過曹操、袁紹，最後投奔荊州劉表，屯駐新野（河南新野）；劉備在群雄中勢力最弱，但能以誠待人，禮賢下士，在荊州時，得到大政治家諸葛亮的相助。

　　赤壁一戰，劉備乘機取得荊州大部，並進軍巴蜀，占領益州，進而向北奪取漢中。建安二十六年（西元221年）劉備爲了繼續漢室的正統，稱帝於成都，仍以漢爲國號，史稱：蜀漢昭烈帝；劉備稱帝之後，爲報關羽敗死之仇，率兵伐吳，爲吳將陸遜所敗，死於白帝城（四川奉節）（223年）。

　　子劉禪嗣位，是爲後主，丞相諸葛亮受詔輔政。蜀漢當劉備新喪之時，南方諸郡的蠻人，乘機叛亂，諸葛亮乃親至南征，渡過瀘水（長江上游），抵達滇池，蠻族豪酋感其恩威，不復爲亂；南中平定，即以漢中爲基地，前後多次出兵伐魏，謀取關中，結果由於糧運不繼，都未能如願。建興十二年（234年）全軍大舉，據武功五丈原（陝西郿縣東），分兵屯田，與魏將司馬懿對峙，仍難進展，終以憂勞成疾，病歿軍中。

　　蜀漢自諸葛亮死後，姜維繼握兵權，屢出兵伐魏，皆爲司馬師、司馬昭所拒；而後主劉禪昏庸無能，信任宦官，國政日壞，於是司馬昭遣鍾會、鄧艾分道來伐，後主出降，蜀漢亡。共四十三年（西元220～263年）。

▲ 劉備塑像。

◄ 劍門天險，山峰全是千里無土的斷崖峭壁，猶如一道碩大無朋的天然城牆，古人稱：「蜀道之密鑰」「川北之屏障」。

▼ 夔門是長江進入三峽大門，為川東咽喉，如一索橫江，川江水路交通便告斷絕。

龐統墓：
在德陽白馬關，川陝公路旁，為龐統落馬之處，又名「落鳳坡」。龐統又名：士元，號：鳳雛，湖北襄陽人。
三十三歲隨劉備入川，主軍務，屢出奇策致勝。劉備進兵成都是他的計劃，他的雄才膽略，可與諸葛亮並論。

荊州城：
荊州位居長江中游，為三國時代名城，是孫、劉必爭的軍事要地；蜀將關羽「大意失荊州」說的也是這裡。

於白帝城臨終的劉備，將
國事完全寄予孔明，孔明
亦誓必繼承劉備遺志，輔
佐後主統一天下。

武侯祠：
在陝西郿縣，諸葛亮於渭南屯田，準
備北伐。後以積勞成疾，病卒五丈原
軍中，年五十四歲。杜甫有詩嘆曰：
「出師未捷身先死，長使英雄淚滿
襟。」

蜀漢的錢幣：

三國以蜀錢最複雜，初步分類可分為七種：

一、「蜀五銖」：早於建安十九年（西元214年），有人認為是劉
　　焉父子據蜀時所創，以後劉備父子繼續鑄造通行。錢徑2.45～
　　2.2厘米左右，比漢五銖略小，但書體與東漢五銖相似，但不
　　及規矩細緻。

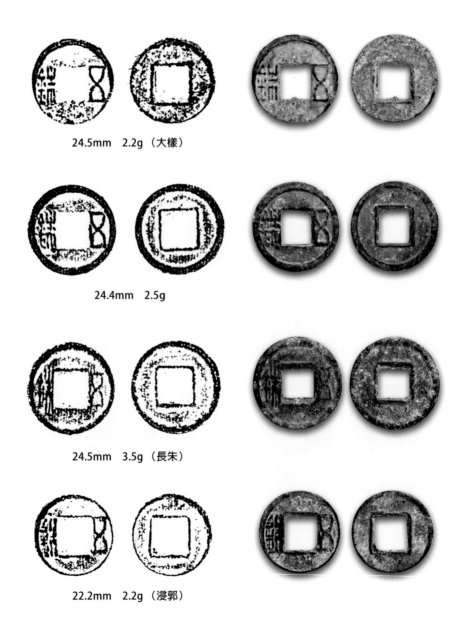

24.5mm　2.2g（大樣）

24.4mm　2.5g

24.5mm　3.5g（長朱）

22.2mm　2.2g（浸郭）

二、「小型蜀五銖」：特點是面、背俱有內外郭，還有傳形
　　及背面刻有陰、陽文字等。筆者收藏從背「一」至「卅一」
　　共計 31 枚，出自四川。

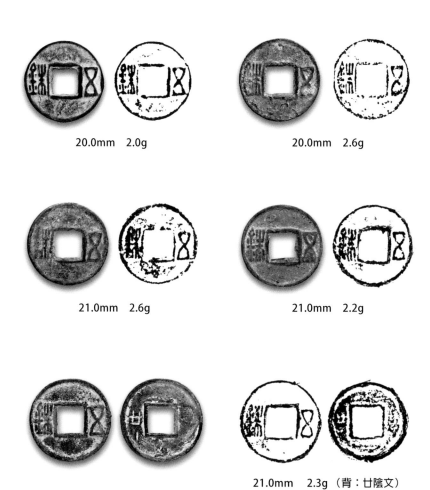

20.0mm　2.0g

20.0mm　2.6g

21.0mm　2.6g

21.0mm　2.2g

21.0mm　2.3g（背：廿陰文）

小型蜀五銖放大圖

背：廿陰文放大圖

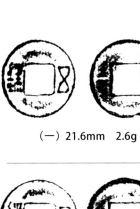

（一）21.6mm　2.6g

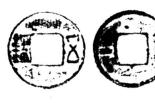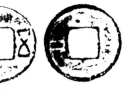

（二）21.4mm　2.6g

（三）25.0mm　2.5g

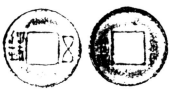

（四）22.0mm　2.5g

（五）21.5mm　2.4g

（六）21.9mm　2.5g

（七）21.7mm　2.2g

（八）21.1mm　2.3g

（九）21.1mm　1.6g

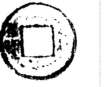

（十）21.5mm　2.2g

（十一）21.4mm　1.9g

（十二）21.3mm　2.3g

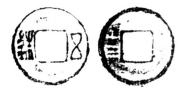

（十三）21.6mm　2.6g

（十四）21.4mm　2.6g

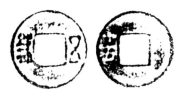

（十五）21.2mm　2.1g

（十六）21.2mm　2.2g

（十七）21.5mm　2.5g

（十八）21.8mm　2.3g

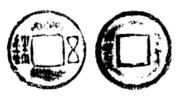
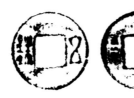

（十九）21.9mm　2.6g　　　　　（廿）21.2mm　2.3g　　　　　（廿一）21.5mm　2.8g

（廿二）21.7mm　2.6g　　　　　（廿三）21.8mm　2.8g　　　　　（廿四）21.6mm　2.4g

（廿五）21.5mm　2.3g　　　　　（廿六）21.6mm　2.3g　　　　　（廿七）21.7mm　2.7g

（廿八）21.5mm　2.4g　　　　　（廿九）22.0mm　2.6g　　　　　（卅）21.5mm　2.4g

（卅一）21.2mm　2.3g

三、「直百五銖」：是建安十九年（214年）接受劉巴意見所鑄。根據
　　出土實物，既有銅錢，也有鐵錢，而以銅錢為主；直百五銖背「為」
　　字，是指益州犍為郡所鑄，這是中國方孔圓錢中記地名最早的錢幣。
　　根據記載，劉備建安十九年初拔成都，「軍用不足，備甚憂之。」
　　巴曰：「易耳，但當鑄直百錢，平諸物賈（價）令吏為官市」，備
　　從之，數月之間，府庫充實。這就是劉備鑄大面額錢幣「直百五銖」
　　的開始；直百五銖，在四川、成都、重慶出土最多，其分佈流通也
　　最廣，其主要類型區分，是以錢背陽文鑄「為」字和錢背無「為」
　　字兩種。

26.0mm　5.2g（背：為）

直百五銖放大圖

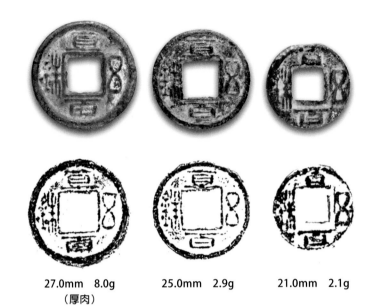

27.0mm　8.0g　　　25.0mm　2.9g　　　21.0mm　2.1g
（厚肉）

　　下列這些錢背無「為」字的直百錢中，都是在成都鑄造的，其
面文的區別，只有筆畫稍有所別。成都鑄造的「朱」字頭圓折，上
下離得開一些；犍為鑄造的相反，「朱」近方折，上下收得緊一些。
兩者背陰文有「一」「I」「川」「十」「田」「日」……等符號。

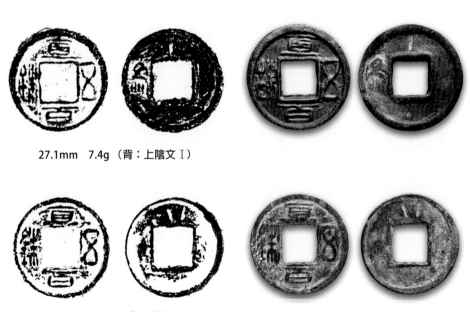

27.1mm　7.4g（背：上陰文 I）

26.0　3.7g（背：八）

27.0mm　8.7g（異百）

26.0mm　7.4g（鐵背：為）

23.0mm　2.2g（鐵）

四、「太平百錢」：鑄造時期不晚於劉禪建興初年（223年）。錢面文為篆隸合書，直讀，其「百」字有「岙」寫法，其面文除了有篆隸合書外，亦有隸書體，還有因減重錢型太小，錢面文太平百錢的「錢」字，書寫不下，形成「太平百金」；背有星文或龜甲紋，也有些是紀笵數的陰文。

27.0mm　7.5g（背：龜甲紋）

28.0mm　9.0g（鹿角百）

鹿角百

26.0mm　5.7g（鹿角百）

25.0mm　5.1g

24.0mm　4.6g（隸書：太）

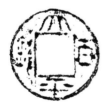

23.0mm　3.2g（背：陰文）

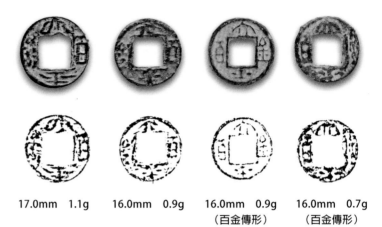

17.0mm　1.1g　　16.0mm　0.9g　　16.0mm　0.9g　　16.0mm　0.7g
　　　　　　　　　　　　　　　　　（百金傳形）　　　（百金傳形）

12.0mm　03.g
（太平百金）

五、「定平一百」：在太平百錢發行（223年）以後，即鑄造通行。
　　錢面文隸書體，直讀，有「平」字二點，書寫成左右與上下
　　平齊；另一式是「平」字二點超越下橫畫之外。

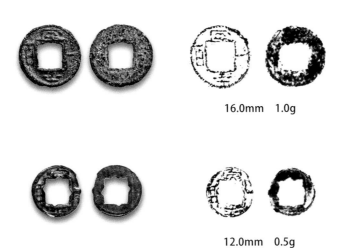

16.0mm　1.0g

12.0mm　0.5g

六、「直百」：是在建興十三年（236 年）所鑄，大小輕重不一。
　　錢面文隸書體，橫讀，其筆畫不如直百五銖高挺，外郭清晰，
　　背無文或有陰文「王」字等。

15.0mm　1.2g

七、「小直百」：於延熙十二年（249 年）鑄。錢面文隸書體，
　　橫讀，有的小得如鵝眼錢，只有剩下「直一」二字。

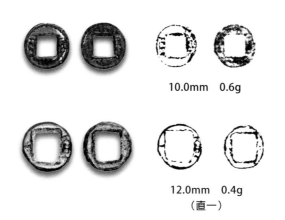

10.0mm　0.6g

12.0mm　0.4g
（直一）

太平百錢的探討：

「太平百錢」，自古爭議不斷，近年來古泉學家，考古工作學者等不斷努力，已將它的疑點一一解開。它的疑點有五項，一、什麼年代鑄造？二、什麼地方或地望所鑄造？三、錢面文「太平百錢」的釋讀？四、是行用錢，還是宗教用途的厭勝錢？五、錢背的圖案是什麼？

第一項：據《隋書·食貨志》載：「梁初古錢有太平百錢」，董遹《錢譜》內有太平百錢，但未詳所鑄年代。近年各方學者認定它是三國時代的產物已無異議。

第二項：以往有人說是孫吳在孫亮時曾改元太平時所鑄，並舉証曾有四批出土，武昌任家灣墓 128 枚、鄂城墓 1 枚、丹徒高資窖藏 260 餘枚、廣西荔浦窖藏亦有相當數量出土，這表明太平百錢在吳地有廣泛的流傳，但不能就此認為是吳鑄。

第三項：對於太平百錢的錢文釋讀，過去已有學者提出疑義，認為應讀「大平百錢」，古人「太」字多不加點，後人加點，以別小大之大；稱此錢首為「太」，實屬後人的臆測，遂以「太平」二字，或附合於帝王年號（吳孫亮）或認為宗教，厭勝之類有涉。實則，首字是「大」字。大者，大泉也！「平」者，源出於莽錢「一刀平五千」的「平」字，意同「直」，同「當」。如是，則「大平百錢」，應即是大泉平一百的意思。（劉建國、高嵐：〈三國吳錢初探〉，《中國錢幣》（1988 年 1 月 ））

第四項：以往有認為是張角太平道的宗教信物，這也被推翻，因為太平百錢的出土量大，又有錢窖藏的出土，而太平百錢又有減重的現象，這是貨幣經濟常有的例子；太平百錢因減重，薄小而形成錢面文容不下「錢」字，而鑄成「太平百金」，這當然不可能是宗教信物或厭勝錢。

第五項：錢背的圖案是「龜甲紋」，但近年來都說成是「水波紋」對此說法，筆者不敢苟同，這也是本篇文章要探討的重點。

先將太平百錢的錢范的出土作一轉述：「1980 年在成都營門公社出土了太平百錢范，范內左右各雙行列六枚錢，左為錢背，背紋為水浪紋，右為錢面，錢文有隸書和隸篆合書兩種，均書太平百錢四字。錢文中的「太」字，與新莽的大泉五十的「大」字相近；「平」字與新莽的一刀平五千的「平」字相似；「百」字與蜀漢的直百五銖的「百」字相同。」（陳顯雙：〈成都市出太平百錢同母范－兼談太平百錢的年代〉：《文物》10 期（1981 年））

太平百錢的背紋：

　　顧烜《錢譜》：「四文龜背錢，今有此錢徑一寸，重六銖，文曰：太平百錢，背文隱起為龜形。」爾後，時人常提太平百錢背「水波紋」不知實物何在？今就將正確的「龜甲紋」列下，左下拓圖為孫仲匯、胡薇《古錢幣圖解》的拓片，上面很明顯是「龜甲紋」。右為本人的收藏品，正、背兩面的彩色圖片。上端星點是龜的頭部，四個角落是四隻龜爪，中間「〥」是龜背的甲紋。

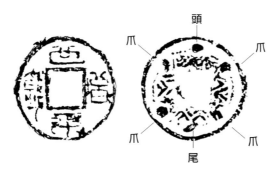

錄自：《古錢幣圖解》

本人收藏品

我們再來看其他錢譜，例如：丁福保《歷代古錢圖說》太平
百錢的正背拓片，也都因錢方鑄造模夷，使背文龜的頭部變成爲
紀「星文」；龜甲紋形成斷斷續續的「水波紋」，實非也。

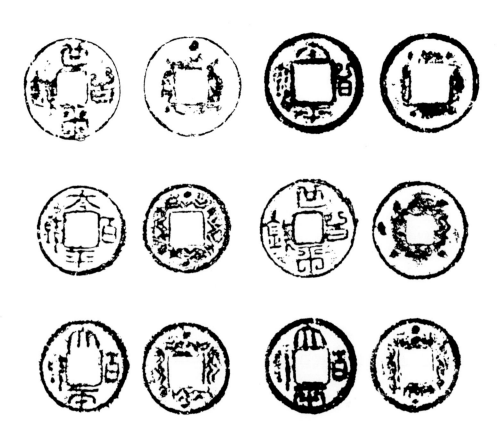

錄自：《歷代古錢圖說》

靈龜是人們在動物圖騰中發現的一種長壽的動物，因此是長壽的代名詞。張衡在《靈憲》中有一番描述：「蒼龍連蜷於左，白虎猛據於右，朱雀奮翼於前，靈龜圈首於後。」因此，靈龜在我國古代神話中做為一種靈獸出現在記錄中。是「龍鳳麟龜」四大神獸之一。抱补子言：「有生必死，而龜長存焉」，龜齡長壽也成為民間崇拜的對象。

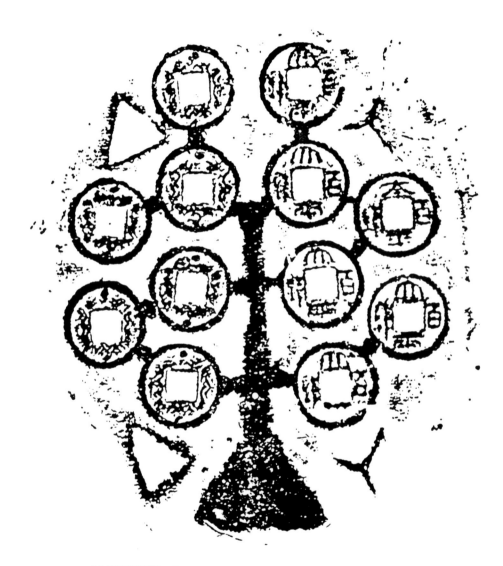

「太平百錢銅范」：
1980 年 4 月出土於四川成都市小通巷房管所的建築工地上，此范平面略呈橢圓型，三邊微弧，一邊平直，周有邊框。范高 24 厘米，周長 47.2 厘米。范面正中有一凸槽將錢樹分作兩部份，左右各雙行列錢六枚，右為錢面，錢文隸書和隸篆合書兩種，均書「太平百錢」四字。左為錢背，背紋為龜甲紋；但是仍然不是很清楚，斷斷續續的甲紋，所以還是被誤為「水波紋」。

太平百錢放大圖

背面：龜甲紋

陝西扶風縣法門寺（建於東漢～唐）出土的鎏金銀龜盒。

陶燒造靈龜是唐代一般人祈壽所用。

▲ 民間祭典和生命禮俗中，經常以龜圖像或祭品表示祈求延年益壽。其中「祈龜」活動是最普遍的龜祭風俗。
祈龜所使用的龜是以米、糕、餅、果、麵線等材料製成龜型後再加以裝飾以求美觀。

◀「龜山」是所有出外的蘭陽子弟永世割捨不去的心靈故鄉；它像個守護神，屏障著蘭陽平原上的一切，無論陰晴風雨，永不背棄它的子民。

孫吳

孫吳

孫權字仲謀，是長沙太守孫堅的第二子，世居浙江富春。漢獻帝初平三年（西元192年）孫堅跨江襲劉表，被劉表部將黃祖射死，於是孫堅長子孫策代領了他的軍隊；不久孫策渡江攻占丹陽、吳、會稽及豫章等地，時威震江東。建安五年（200年）孫策被仇人所刺殺，他的部下張昭等人又共同擁立其弟孫權代之；當時孫權只有十九歲，他憑長江天險，又得到張昭、周瑜、程普、魯肅等人相助，因此他在江東的基業日漸穩固。

由於江南土地廣大，交通阻塞，連繫不易，統治起來很不方便，因此產生了一種孫吳特有的領兵制度，任命一些與孫氏合作的江南大族為將軍，分領國家兵力，一面分駐各地守防，一面就地屯墾拓耕作，這樣分頭開發的結果，使整個江南的社會經濟發展，起了巨大的變化。

赤壁之戰後，孫權襲取荊州，關羽敗死。於是荊州以東，全歸孫權，於西元229年正式稱帝，國號：吳，是為吳大帝，都建業（南京）。

自蜀漢滅亡，三國彼此牽制的形勢，失去平衡，東吳處境益危。而孫權死後（252年），內部不安，三傳至孫皓，荒淫凶暴；晉使羊祜鎮襄陽，待機滅吳，吳幸有名將陸抗坐鎮荊州抵禦。陸抗死後，羊祜建議征吳，舉杜預自代。晉武帝乃命杜預、王濬伐吳，直下建康，孫皓出降。計自孫權稱帝至吳亡，凡五十二年（西元229～280年）。

▲孫權（閻立本繪）孫氏一族世代仕朝，皆以武將出名之，其始祖子召在春秋時入朝齊國當大夫，平城之役伐莒立功，齊恒公賜子召姓「孫」，這是孫姓一族之起源。第三代遷往吳國（江蘇一帶）被吳王封為上將軍，第四代遷往富春，在富春生一子名：孫臏。第五代，孫臏是家喻戶曉的戰國名將。

「王洲」：位於富陽縣中南部，東北距杭州五十五公里，係富春江流沙沖積成洲，古稱：「河漲」。吳錄云：「浙江位富陽有河漲，吳烈帝（孫堅）為郡縣更趨府鄉人遷之沙上。父老曰：此沙狹而長，君當長沙太守。」果其言，遂名：孫洲。因其地為帝王之鄉，又更名：王洲。

「龍門」：此地山明水秀，勝似呂梁龍門。是三國吳大帝孫權後裔七十代的聚居地，地在今浙江富春江南岸的龍門鎮。

鎮江北固山，昔日孫、劉聯婚及聯盟之處。今日甘露寺、水月道場等名勝處也。

湖北鄂州的龍蟠磯，居長江江中，三國時吳王曾在此地訓練水師。

「黃鶴樓」：始建於三國時期吳黃武二年（西元 221 年）。史載：「吳黃武二年城江夏山以安屯戍，其城西臨大江，西角因磯為樓，故名黃鶴樓。」當時的黃鶴樓為吳王孫權在武昌城中臨江駐兵哨所的軍事瞭望台。唐代詩人崔顥寫了黃鶴樓一詩，從此黃鶴樓聞名於世。

吳都建業：
即今日南京市。三國時期，孫吳先建都於鄂，稱：「武昌」意為「武而昌之」；西元 229 年孫權稱帝，並遷都於建業。

孫吳的錢幣：

孫吳鑄幣很晚，首見於文獻的是《三國志·孫權傳》，嘉禾五年春（西元 236 年）：「鑄大錢，一當五百，徑一寸五分，重十二銖，（9.6 克），詔使吏民輸銅⋯⋯」的記載；離孫權稱帝已有十四年之久。從出土資料來看，孫吳前期主要通行兩漢及蜀漢錢幣，本身未鑄幣。

大泉五百：（A.D.236）

孫權於嘉禾五年春鑄大錢，一當五百，徑一寸五分，重十二銖（9.6 克）。

29.0mm　7.3g

大泉當千：（A.D.238）

赤烏元年春，又鑄「當千大錢」，徑一寸四分，重十六銖（12.8 克）。

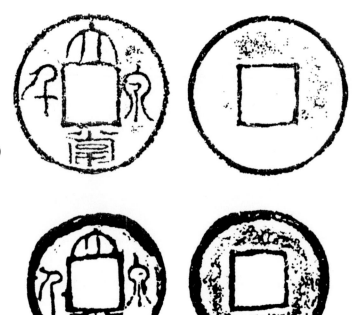

特大型
（錄自：中國古錢大集）

大型

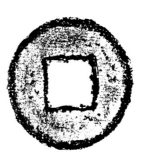

（初鑄大樣 林春雄藏）　　　　　　　　　　　　　　　35.5mm　12.1g

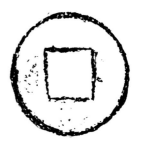

33.0mm　9.9g

33.0mm　5.9g（細字版）

25.5mm　5.1g

大泉二千：（A.D.　？）

　　史籍未載有鑄「大泉二千」及「大泉五千」。但考古出土證明確有此兩種錢。

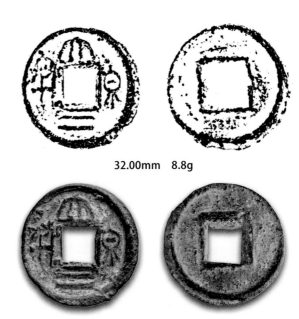

32.00mm　8.8g

大泉二千放大圖

大泉五千：

目前傳世僅兩枚，珍貴異常，特轉錄其「經歷」：

吳，大泉五千，篆書直讀。早時見於劉喜海《泉苑菁華》一紙泉拓。1912 年，浙江余杭甬線鐵路工程發現一個古甕，內有銅鏡和古錢；古錢中有一枚大泉五千，鏽蝕嚴重，「滿披綠鏽，泉字白頭較圓折，背好孔較狹，大小差同。」先歸杭州金石藏家鄒適盧，後與上海古泉藏家程云岑以一尊六朝鎏金銅造像相易。50 年代程氏次子因借款四百元而抵押於藏泉家沈子槎；1949 年後，沈氏藏品分別贈售於北京中國歷史博物館、浙江省博物館、湖州博物館、寧波文管會和上海博物館等，是時程氏次子過世，沈氏所藏大泉五千歸藏於北京中國歷史博物館。

30 年代，浙江肖山頭蓬鎮農民挖掘溝渠時又發現一品大泉五千，品相勝於前者。上海泉商戴葆庭得到後售於藏泉家陳仁濤。1949 年，陳遷居香港，該錢也被攜去；50 年代，陳經張炯伯介紹，將這品大泉五千及其它古錢、鈔版等售於北京中國歷史博物館。

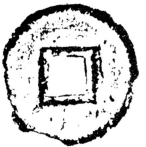

錄自：中國錢幣 2011 年第 1 期

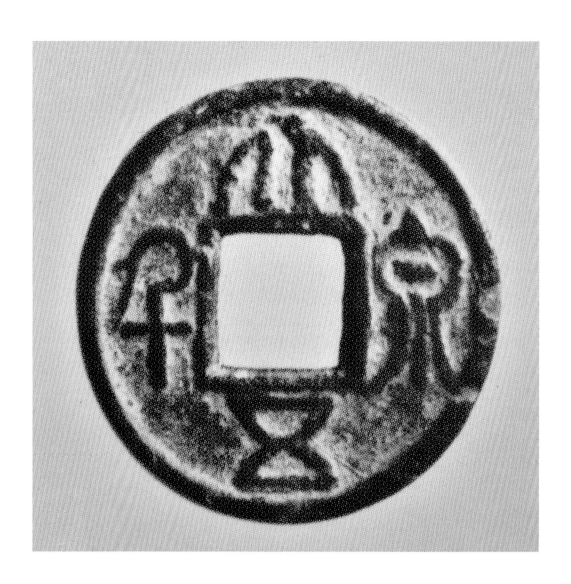

 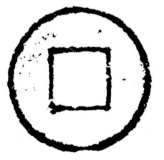

有一問題大家很想瞭解的，就是三國時代彼此間錢幣的兌匯關係。吳大泉五百與蜀直百錢的兌換，可參照《晉書・食貨志》一段載，東晉元帝渡江後沿用孫吳舊錢，「輕重雜行」，「大者謂之：比輪，中者謂之：四文，吳興沈充又鑄小錢，謂之：沈郎錢。」由此可知，孫吳鑄錢以前，市場流通貨幣也有大中小三類錢，這裡的「比輪」就是大錢「大泉五百」；「四文」就是中錢「直百五銖」、「太平百錢」（初鑄大型為主）；「四文」可釋為中錢一枚當小錢四枚，「沈郎錢」就是小錢。

　　「大泉五百」大樣若當「直百」中樣五枚，不僅在幣文面值可釋通，在重量上也可印證，一比五相差不多；大泉當千初鑄大樣（重 12.8 克）與大泉五百至赤烏年間減重後的面值、重量兌換率為一比二，也是相符。（以後再減重那另當別論）那麼我們可推測吳錢鑄造年代較遲，一發行鑄造就鑄當五百的大錢，可見當時市面上充斥著「當百」「直百」的虛幣；蜀錢在吳地也只襯作小額交易的輔幣而已，不會對吳國經濟造成影響。

　　至於曹魏的五銖，與吳、蜀的錢幣比值關係，不易考定，但不可能以錢文表面的記值來兌換；可能以「四文」作價吧！一枚「東漢五銖」和四枚「沈郎五朱」重量也相近。

CHAPTER 6

西晉和東晉

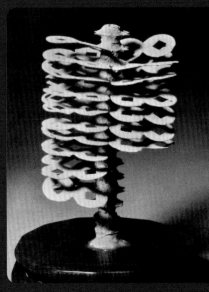

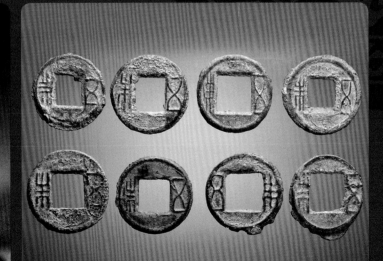

西晉

　　自漢末群雄割據，將近百年的分裂局面，雖然統一於晉，但爲時甚爲短暫。晉武帝司馬炎才具平庸，他能夠成爲一代的開國君主，完全憑藉其父、祖所奠定的基礎，天下統一後，荒怠縱恣，政治腐敗，社會風氣侈靡。因鑒於晉篡位輕易成功，實由曹魏未行封建，以致王室孤立無援，政權旁落；所以即位後，大封宗室及子弟爲王，以郡爲國，諸王在自己的封國，得自選文武官吏，並擁有軍隊，於是諸王成一方諸侯，朝廷難以節制。由於諸王對朝廷都有野心，其後遂釀成「八王之亂」。

　　司馬氏骨肉相殘，歷時十六年之久，諸王所擁有的強兵，自相殘殺殆盡，及五胡的大禍繼起，晉室已沒有平亂的武力了。五胡中以匈奴的劉淵尤具才略，自立爲漢王，自以爲晉惠帝的外甥，至晉懷帝永嘉五年（西元311年），漢王劉淵死，子劉聰篡位，即而造反，派劉曜、石勒攻洛陽，城中飢危，諸王援兵，無一至者；石勒攻陷洛陽，懷帝被俘，史稱「永嘉之亂」。

　　懷帝被虜，送至平陽，不久爲劉聰所害，愍帝即位於長安。是時長安已殘破不堪，百官皆無服章，僅有朝廷的名義而已；劉曜屢次來攻，城中飢困，艱苦支撐。建興四年（316年），城陷，愍帝出降，次年遇害，西晉亡，凡五十二年。

▲ 晉武帝司馬炎（閻立本 繪）

西晉時期百姓莊園生活圖（甘肅嘉峪關市十三號墓）

東晉

長安淪陷，琅邪王司馬睿先稱晉王（西元 317 年），及愍帝遇害，遂於次年即位於建康（即建業），是爲晉元帝。

東晉立國之初，朝野大致都能共體時艱，推誠合作，除王敦、蘇峻叛亂外，在王導竭力輔佐下，東晉立國的基礎賴以穩固，時人稱之爲「江左夷吾」。

前秦苻堅奪得帝位並統一北方，便想南下侵晉，於孝武帝太元八年（383 年）以步騎八十餘萬大軍南下；是時東晉謝安當國，以存亡攸關，命謝石、謝玄等督軍八萬抵禦，兩軍隔淝水而陣；晉軍利於速戰，苻堅恃眾而驕，欲使晉軍半渡時截擊，不料一退不可復止；晉軍渡河急擊，秦軍望風奔潰，自相蹈藉而死者，不可勝計，苻堅敗退北方。

淝水戰後，北方混亂，先後成立了十國，但東晉並未能乘機光復中原，主要由於內部不安定。謝安卒，內戰起，桓玄竟攻陷京師，實行篡位，後爲劉裕所平。

劉裕出身北府兵，爲東晉北伐成就極爲傑出的人物，他平桓玄之亂，就展開對中原的經略。首滅南燕，西平後蜀，再滅後秦。恭帝元熙二年（420 年）劉裕篡晉，改國號爲宋，東晉亡，凡一百零四年。

▲ 晉元帝（明人繪）

▲ 西元 373 年梁州刺史朱序受命鎮守襄陽。不久前秦符堅派符丕進攻襄陽，朱序母親韓夫人登城巡視，率領女婢如城內婦女在西北角加築一道內牆。符丕果真從西北角進玫，也攻破外牆，幸虧有新築的城垣檔住。符丕久攻不下，也只好撤兵。後來，人們為紀念韓夫人的功勞，就把西北角城墙命名「夫人城」。

▲ 八公山：
因淝水之戰成名。西漢時淮南王劉安常率八位門客煉丹於此故名。此山北臨淮河，南依淝水。西元 383 年淝水戰役，秦符堅八十萬大軍在此和晉謝石八萬北府兵對決，秦兵退讓晉軍渡河決戰，可是一退，部伍大亂不可約束。晉軍渡水追擊，秦兵潰不成軍，落荒而逃，一路聽到風聲鶴唳。「八公山上，草木皆兵」就是說這個地方。

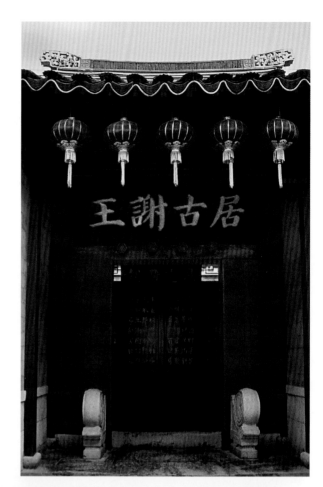

王、謝古居：
秦淮河畔風光秀麗，名人雅士群聚，東晉時王、謝等大族所居住的烏衣巷，王羲之父子也居於此。唐．劉禹錫「朱雀橋邊野草花，烏衣巷口夕陽斜，舊時王、謝堂前燕，飛入尋常百姓家」。

兩晉時期的錢幣

　　兩晉史書沒提到鑄錢的事，只說西晉使用曹魏的舊錢，不過西晉五十幾年，民間不會完全不鑄錢。《晉書·食貨志》載「晉自中原喪亂，元帝過江用孫氏舊錢，輕重雜行，大者謂：比輪，中者謂之四文，吳興沈充又鑄小錢，謂之沈郎錢。」可見當時用錢分三等，大錢「比輪」是指吳的大泉；中錢「四文」是指兩漢、新莽小錢、直百中樣為主；小錢是指「沈郎五朱」為主。

　　自司馬氏晉的政權成立以來，一百五六十年間，不聽見有正式鑄錢的事，在貨幣史上好像真空狀態，這是秦、漢以後所絕無僅有的事。公、私鑄錢勢必很多只是我們無從辨別，史稱苻堅曾用秦始皇的金人鑄錢，（九個被董卓銷鎔，兩個被苻堅銷鎔）但不知鑄的是什麼錢？自漢行五銖錢後，歷代都用「五銖」為錢名，（三國蜀、吳除外）其實錢本身重量早已和「五銖」無關了；加之剪邊錢、綖環錢、對文錢也加入貨幣市場運作，這一混亂現象持續至南北朝、隋到唐武德年才全被「開元通寶」全盤取代。

兩晉、南北朝間公、私鑄造的「五銖」錢：

20.mm　1.4g　（沈充五朱）

22.0mm　2.2g　（傳形五銖）　　　21mm　1.9g　（傳形五銖）

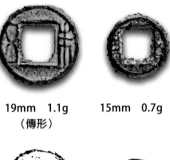

19mm　1.1g　　　15mm　0.7g　　　10mm　0.6g
（傳形）　　　　　　　　　　　　　　（人俑上冥幣）

24.0mm　2.0g　　　13.7mm　0.4g
（一分為二的對文錢）

15mm　0.5g
（以「對文」為范，再澆鑄的五朱）

魏、晋時期鑄幣工藝，仍沿襲新
莽、後漢「疊范法」方式製作。
（邱文明牧師舊藏）

沈郎五銖：

《晉書・食貨志》「吳興沈充又鑄小錢，謂之沈郎錢」沈充年少無才，但得王敦之寵，擅自私鑄錢幣牟利，時朝廷人人懼畏王敦之凶燄，敢怒不敢言。

王敦是襄城公主的丈夫，官拜駙馬都尉，生性奢侈，和當時王愷、石崇等人同為濁流。晉元帝時王敦討平華軼、杜弢之亂，威名大躁，氣焰更是乖張，連元帝都怕他。

晉元帝永昌元年（西元 322 年）王敦以清君側伐隗（元帝心腹）為名，自武昌舉兵東下，沈充亦起兵於吳興相呼應；元帝被逼以王敦任丞相，不久憂憤而死，太子即位，是為明帝，改元太寧。太寧二年（324 年）帝發兵以王導為大都督，討伐王敦，敦敗死。

此時，沈充也從吳興率萬餘人趕至建康，但被明帝臣下劉遐、臨淮、蘇峻等人在建康的宣陽門伏擊，沈充大敗而逃；至青溪（江蘇江寧東北）時所剩餘眾不多，想轉回吳興，無奈慌逃間迷失道逕，誤入晉元帝故將吳儒家園，被儒所殺。

21.5mm　1.9g

沈郎五銖的特徵

按此錢雖未明確入史籍，但可從李賀詩集《殘絲曲》中瞭解一二，「榆莢相催不知數，沈郎青錢夾城路。」「點點青錢夾路飛，沈郎消瘦減腰圍，吳興自有盧山面，今古無人別是非。」

三上翁之《考古講座》定爲沈郎五銖爲省去「金」旁，作「五朱」者，據何理由？翁言：「欲推定沈郎錢爲何種物？必須符合下言條件，本來五銖之品類，古錢專家尚不易爲分類；而舊時民間，能毫不爲難，分別爲沈郎錢者，必另有特徵可知。以此爲根據而思之，俗間既呼沈郎小錢，當爲小樣錢，又呼沈郎青錢，當爲青白色錢，時爲晉代，當爲六朝五銖之類。從此線索而尋求之，不可不歸之此一類之五銖錢，若謂爲六朝五銖之小樣者，實不妥當，單置重古人所謂小錢，而不考量不其他條件，不顧及時代及製作，實不合理云云。」

以上是一般泉界常引用「沈郎五銖」的根據。近年來曹魏五銖專題研究的專家們從魏、晉墓葬中出土「五朱」爲據，否定了三上翁所考證的「沈郎五銖」。在此本人也不能苟同「五朱」是曹魏官鑄五銖之一，前文己述不再贅言，今再補充數點：

一、曹魏時期及兩晉時代，都因爲沿用前朝銅鑄幣及放任私鑄幣充斥市場，所以市場上大小輕重的錢幣都有，交易上人們爲了避免吃虧，當然會使用秤重或大小兌換方式，所以文獻上就有所謂「大者謂之比輪，中者謂之四文，吳興沈充又鑄小錢，謂之：沈郎錢。」，可見當時交易中有三種大小不同的兌換比。大錢應該是指新莽的大泉五十、孫吳的大泉五百；其他漢五銖、直百五銖應當是中錢；小錢應該就是剪邊錢、及稱「對文」的小錢。「對文」就是把漢五銖錢的外廓剪去，一錢爲二稱之「對」，因而形成面文僅剩下「五朱」二字的薄小銅錢。沈

充鑄小錢，當然是以「對文」錢的模式來製造，鑄成「五朱」二字的五銖錢；五銖原本是重量名詞，此時早已徒具其名，面文「五朱」比「五銖」二字刻范要方便省事多了，沈充何樂不爲呢？

二、《三國志》、《晉書》食貨志中都曾提到明帝更鑄五銖，及沈充鑄小錢一事，只可惜沒把它的樣式說清楚，這也意會著它們形制和一般五銖樣式沒有太大區別，所以沒有另外著墨。但這兩者出現的間相隔一百多年，不可能會是一模一樣的銅幣；經濟理論上有一不變之定理，就是「劣幣逐良幣」，金屬幣是越鑄越小，紙幣是越印面值越大。若將曹魏的「壓五壓金」這種新鑄的五銖錢和晉沈郎「五朱」作一比較，何者重？何者輕？若以時代來說明，誰在前？誰在後？應當很明顯。

三、雖然魏、晉墓葬中有五朱錢的出現，但它終究還是單項證據，離定論還有一段距離。鑄錢是國家大事，也是民生問題，我們考證泉學不能只在方孔、寸徑上找答案，換個角度來思考，會有「柳暗花明又一村」的另外發現。比如，從歷史觀點上看，曹魏政權是要延續漢朝，來凸顯自己是正統，《三國志》作者陳壽就是以曹魏爲正統；一般人以劉備的蜀爲漢室的正統，是受《三國演義》故事的影響，和正史是不同的。即然曹魏是漢的繼承者，他更鑄五銖會鑄「五銖」還是鑄「五朱」？明帝鑄五銖是爲了整頓國家經濟，沈充鑄五朱是爲了私人牟利，兩者動機和目地不同相，鑄幣形制也應當不同；曹魏五銖是官鑄幣，沈郎五朱是私鑄幣，將「壓五壓金」的曹魏五銖和沈充的「五朱」放在一起比較，可發現前者工整有氣勢，後者纖弱蟞扭，又有傳形、減筆、減重等弊病，這也反映了歷史背景之不同。兩者若要眞正確定年代，只有靠紀年號的錢范出土，才能讓人信服，否則我們總是繞著周圍爭論不休。

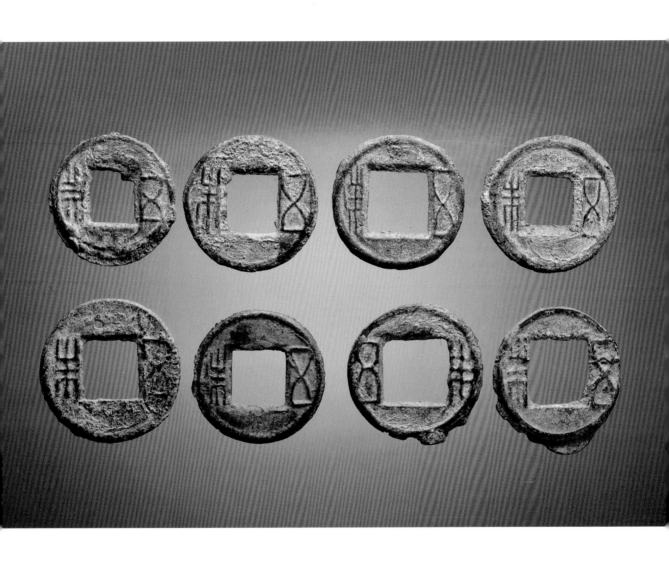

五胡十六國

五胡十六國

自古以來，除了活動中原地區的漢族外，邊境也有各種游牧民族，到了晉朝時，主要有匈奴、羯、鮮卑、氐、羌。歷史上稱他們爲「五胡」。

五胡在兩漢時代陸續歸順，後因三國鼎立，他們便趁機向內地遷徙。到西晉時，在形勢上，五胡對西晉的中心地區，形成半包圍狀態。

晉朝八王之亂，造成五胡亂華的機會。從西晉惠帝永興元年（西元 304 年），匈奴的劉淵首先稱王開始，歷經東晉到南朝宋文帝元嘉十六年（439 年）爲止，約一百三十六年間；五胡陸續在中國北方建立了十六個國家與南方漢族傳統政權相對立，直到北魏最後統一了整個北方，才結束十六國的時期。

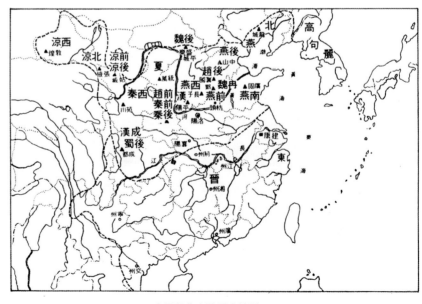

東晉與北方諸國之情形。

「五胡十六國」祗是一種習慣說法，其實它們並不全是胡人所建，也並不只十六個國家；當時，北方還有鮮卑人所建的西燕，漢人所建的冉魏等，都沒列入十六國中。十六國中只有前秦曾一度統一北方，但為時十分短暫，大部份的時間，都是兩個以上的國家並立。

　　五胡十六國，鑄有錢幣者，有：

　　河西前涼張軌及後代所鑄的「涼造新泉」。

　　四川成漢李雄、李壽所鑄的「漢興」。

　　河北後趙石勒所鑄的「豐貨」。

　　陝北夏赫連勃勃所鑄的「大夏真興」。

◀ 胡俑

▼「銅奔馬」：又稱「馬踏飛燕」1969年出土於武威雷台的漢墓中，此銅馬高約35公分。造形渾圓有勁，昂首嘶鳴，三足騰空，右後足踏著一隻龍雀，神勢若飛。遠在漢代就有如此嫻熟精深的技巧，可見古涼州對冶銅技術是相當的熟練。

涼造新泉：

　　西元 316 年西晉亡，華北頓時陷於大亂，且北方各族相繼建國。河西地方的西晉涼州刺史張軌乘中原之亂，首於此地建國；其後，相繼不斷地於此地立國的，有呂氏的後涼、李氏的西涼、沮渠氏的北涼和禿髮烏孫的南涼，合稱「五涼」。

　　在五涼統治長達 130 多年的歷史中，前涼統治時期最長，從西元 301～376 年，張天錫投降前秦止。前涼統治時期，為政寬和，經過幾代勵精圖治，社會安定。當時流傳一首民謠「秦川中血沒腕，惟有涼州倚柱觀。」描述了這一情景；這一時期由於佛教十分盛行，反映佛教生活和藝術的石窟、寺廟應運而生，莫高窟、麥積山石窟、炳靈寺石窟都是這時期開鑿的。

　　五涼時期流通貨幣，都以三國、西晉以來所鑄造的剪郭、剪邊五銖占大部份，反映當時戰亂頻繁，經濟力量之衰退；五涼之中唯有前涼王朝共經九代，除張軌曾有鑄錢記錄。《晉書・張軌傳》「太守參軍索輔言於軌，宜復五銖，以濟通變之會。軌納之。立制准布用錢，錢遂大行。」其他都未鑄過錢幣。

　　「涼造新泉」歷來研究者意見甚多，日本人奧平昌宏認為此錢形制、書體、銅質皆酷肖王莽時期寶融所鑄，因最早發現於涼州；由於近年來常有出土，資料顯示，應為前涼張軌時期之物。從最早（清嘉慶年）山西洪峒人劉清園首次發現的三枚是在涼州（今甘肅武威）；1989 年 10 月武威市西營鄉宏寺三隊出土三次，得二十餘枚共有三個不同品種的「涼造新泉」。前後一百多年時間裡，發現的「涼造新泉」可以說百分之九十五在武威，這也是「涼造新泉」的鑄地涼州治所姑臧縣的佐証。

22.0mm 1.7g

▲▶ 駱駝城遺址位於甘肅省高台縣城
西南 25 公里沙地中，是漢唐時期河
西走廊絲綢之路上的古城址之一。
駱駝城遺址漢代時為樂涫縣，十六國
前涼時置建康郡，後涼龍飛二年（397
年）太守段業創建北涼國國都，唐代
設建康郡，後廢。

▲ 北涼莊園生活圖:
新疆吐魯番哈喇和卓古墓壁畫,在這些不同形狀的方格內分別畫了帷帳下拱手跪坐的男女墓主人、炊廚、弓箭、駝馬、牛車和樹木等形象。從畫中人物裝束看,既有漢族,又有當地民族,是幅當時寫實畫作。

▲ 酒泉城樓: 前涼張重華改「譙樓」為城東門。

漢興：

　　西晉惠帝時，秦州連年飢荒，略陽、天水六郡人民流徙至漢中者數萬家；而漢中又發生飢荒，於是流民大量入川，在賨人李特號召下起事，攻進了成都，但不幸戰死，其弟李流繼統，但不久也病死，再由李特的兒子李雄領導。太安三年（西元304年），李特雄踞成都稱帝，建立「大成」。東晉成帝咸康四年（338年）李雄姪李壽自立，改國號：漢，改元漢興，意在振興其政權，表明了李壽的雄心與抱負；為實現這一雄圖大業，李壽即位後，為改善蜀中市面上自三國以來，由於長時間的戰亂，金屬貨幣大失其交換效用，惡幣充斥於市，幣值不穩，同時也由於缺乏足夠有信譽的貨幣用於商品交易以至重新出現以物易物的現象，李壽即位後，便決定鑄行自己的錢幣，要鑄造一種什麼樣的錢幣適合當時的社會經濟狀況呢？

　　三國後期至兩晉，蜀中市面上用於商品交易的貨幣應是小「直百」、「定平一百」等這類面值大的小錢，每枚僅重1克左右，卻被冠以「一百」的面額，大錢漢「五銖」、「直百五銖」等早已絕跡於市，或被用來銷煉改鑄這類小錢，「一百」當時只是一個最起碼的錢幣面額，錢法混亂，可見一斑。在這樣的情況下，交易雙方想必是以「枚」作單位，只要錢幣的大小差不多，並不在意錢的面額。鑒於此，李壽鑄行錢幣，必不會在新錢上加鑄「一百」的虛值，但又須考慮當時的社會現狀，由於戰爭，銅材缺乏，若要鑄造較大且重的計值，計重錢幣來替換市面上流通的小錢，顯然有困難。考慮到要讓民眾稱便且樂於接受，在錢的大、小上只好沿舊制，鑄造一種面、背均有內外郭，直徑1.75厘米左右，重1.5克的方孔小錢，比直百、定平一百稍大，無明顯的大小輕重不一現象；為使新鑄的錢幣具有一定的信譽，且又別於以往的舊錢，李壽以自己的年號漢興為錢文鑄於新錢之上，既賦新錢以法定效用，也寓意成漢政權錢財豐足，長盛不衰，「漢興」錢雖無「一百」面額，但在當時能與「直百」、「定平一百」這類計值錢幣等價流通，其原因在於銅質好，錢形大

小一律，比以往舊錢大而重，又為成漢法定貨幣，因此可以行成穩定的交換作用。

「漢興」錢，是中國錢幣第一個使用年號的銅錢。爾後，才有南朝宋孝武帝孝建年的「孝建四銖」錢，宋廢帝「永光」「景和」，北魏孝莊帝永安年的「永安五銖」錢等。

「漢興」錢有兩種，一種「漢興」二字位於錢穿上下方，豎讀，稱為「直漢興」；一種「漢興」二字位於錢穿左右方，橫讀，稱為「橫漢興」。

書體都為隸書，以「橫漢興」較少，故為藏家所珍愛。（祖應平：〈成漢李壽的年號錢——漢興〉，《成都錢幣1994》《四川風物》，四川人民出版社）

27.0mm　0.9g　（直漢興）

27.0mm　1.1g　（背陰文）

27.0mm　0.9g　（橫漢興）

直漢興放大圖

橫漢興放大圖

青城山：
賨人李特在進攻成都時戰死，
其弟李流繼統流民作戰，但不
久病死，後由李特子李雄領導，
得到青城山天師道長范長生支
持，攻克成都，稱王，國號：
大成。後稱帝。封范長生為丞
相，尊為：天地大師。

成都市郊許多保存良好古建築、
古街等，為中外遊客的最愛。

成都市老街裡有：茶室、說書、
下棋、啃瓜子、掏耳朵等庶民
活動，是一種特殊巷弄文化。

豐貨：

後趙建國者，石勒字世龍，上黨武鄉羯人也。幼時被人賣爲奴，逃亡以後，過著強盜的生涯，所以生性殘暴，後與汲桑等聚眾爲盜，號曰：十八騎；及成都公師潘起兵於趙、魏，勒、桑依互之，桑始命勒以石爲姓，勒爲名，後公師潘敗死。晉懷帝永嘉元年桑自號大將軍，以勒爲將，攻鄴克之。至劉淵僭帝位，時勒封安東大將軍。

當時劉淵的匈奴兵猛攻洛陽時，石勒攻掠冀州各郡縣，攻陷了太行山以東地區的壁壘百多個，他優禮漢人的衣冠士族，把被俘的漢人，士族集中起來成立君子營，石勒取得這些士族的支持，建立了政治制度，並消滅了晉在北方的殘餘勢力。西元 319 年自稱趙王，也以趙爲國號，定都襄國（河北邢台縣西南）史稱：後趙；越十年後趙滅前趙，控有黃河南北，一時與東晉成南北時峙之勢。但石勒死，石虎遷都鄴（河南臨漳），後爲冉魏所滅。（西元 319～359 年）

石勒在元帝太興二年，（319 年）鑄造「豐貨」銅錢，重約 3 克，錢文右「豐」左「貨」，橫讀，篆書有內郭，隸書無內郭兩種。史書說：「人情不樂，錢終不行」；同時卻又說石勒曾賜與樊坦車馬衣服裝錢三百萬。石勒早年生活窮困，鑄造這種豐貨錢意圖是希望族人能夠富裕，故名「豐貨」。

從此以後「豐貨」竟然身價百倍，成爲人們竟相尋覓的寶貝，當作「富錢」，持有這種銅錢的人，將來便可以招財進寶；清道光、咸豐年間，這小小一銅錢，竟可值黃金二、三十兩，有了這「富錢」眞是名符其實，富上加富了。清葉德輝詩曰：「飛蚨來去色青青，子母相權血更靈，我向錢神私稽首，願持豐貨作零星」。

22.0mm　3.5g（隸書）

22.0mm　2.8g（篆書）

後趙鄴都：
石勒死後，石虎奪得政權，石虎天性殘暴，遷都於鄴，大興土木營建宮室，過著荒淫無度的生活。
今日鄴都曾被黃河水氾淹埋過，昔日風華不再，僅剩臺基遺址等。

大夏真興：

夏建國者，赫連勃勃一名屈孑（卑下之意）。勃勃父衛辰，仕苻堅爲西單于，督河西諸部，屯代來城。因據有朔方之地，控弦數萬。北魏道武帝興兵伐之，衛辰兵敗，爲其下所殺。

勃勃亡奔於秦高平公沒弈干，沒弈干以女妻之，送於姚興。勃勃性辯慧，美風儀，興見而奇之，深加禮教，拜驍騎將軍，加奉車都尉，使參軍國大議，寵遇踰於勳舊。

西元 407 年晉安帝義熙三年，勃勃率眾僞獵高平川，襲殺沒弈干而併其眾，叛秦自立，稱：天王大單于，國號：大夏。

於朔方水之北，黑水之南，營建都城。自謂方將統一天下，君臨萬邦，名曰：統萬，城高十仞，基厚三十步，上廣十步。又以古者氏族無常，王者繫爲天子，是爲「徽連」實與天連。故改姓：赫連。

勃勃性殘忍，其城統萬，以御史大夫叱干阿利領將作大匠。阿利性工巧而刻薄，蒸土築城，務求其堅，錐入一寸，即殺作者並築之，故城至堅，可以厲刀斧，勃勃以爲忠。

21.5mm　2.4g

西元 419 年勃勃取得長安，卻築壇於霸上，即皇帝位。以長安為南都，自引軍還統萬城。築沖天台，欲以登望長安。

西元 425 年勃勃卒，傳赫連昌。至赫連定時為北魏太武帝所滅。凡二世三主，有國二十五年（西元 407～431 年）。

「大夏眞興」錢幣學者認為是赫連勃勃在眞興年間（西元 419～424 年）所鑄。面文大夏為國號，眞興為年號，始創國號與年號於錢文上；製作略仿莽錢，大穿重孔，文字微含隸體。（林瑞翰：《魏晉南北朝史》（台北：五南圖書出版公司，1995 年））

➤ 統萬城。

▲ 西安碑林留存的石馬，腳磴處刻有「大夏真興六年陽平公造」等字。

◀ 字跡漫磨隱隱間可識「大夏真興六年歲在甲子……」。

▲ 欲登高遙望長安的「沖天台」。

南北朝的對峙

　　淝水戰後，北方拓跋氏後代拓跋珪乘機復國並統一了「十六國」，改國號為：魏，史稱：後魏或北魏；南方以劉裕篡晉（西元402年）改國號為：宋，史稱：劉宋。魏、宋的對峙約五十九年，結果是雙方生靈大遭塗炭，南朝國力蒙受慘重打擊，只好與北朝以淮水為界，委屈言和而結束了雙方的戰爭。

　　南朝的遞變——經宋、齊、梁、陳四代更替，在陳後主時，為隋所滅。

　　北朝的遞變——北魏分裂為東、西魏，高氏、宇文氏分別篡位，各建（北）齊，（北）周；北周滅北齊，楊堅又篡北周，建隋，滅陳統一天下。南北朝又稱六朝對峙將近三百年分裂之局終於結束。

六朝時，秦淮河兩岸居民密集，市井相連的繁華場所。經宋、齊、梁、陳四朝的營
築，建康城池苑囿、宮殿樓觀，達於奢侈豪華之極點，素有「南朝粉黛」的美稱。
詩人曾詠曰：「六朝佳麗最秦淮，一帶朱樓映紫霞。欄邊新水越娥紗，紅袖春嬌夾
蝶花。」

宋

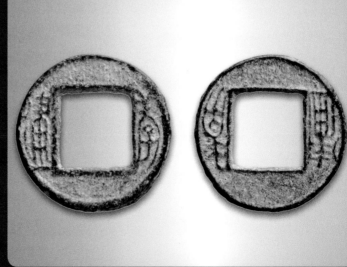

宋

劉裕篡晉改國號：宋，即宋武帝，他出身貧寒，氣度恢宏，為北府兵名將，屢平內亂，北伐中原，武功冠於當世。可惜在位二年即告崩逝。

劉宋兩傳至文帝，注意吏治，政治清明，史稱「元嘉之治」。文帝頗有恢復中原之志，但北伐均告失利，又殺害名將檀道濟，國力更為不振，最後為逆子劉劭所殺。明帝繼位，劉氏內爭，骨肉相殘，北魏南侵，淮河以北之地全失；明帝病危，以太子幼弱，召駐守淮陰之鎮將蕭道成入衛京師，結果朝政為蕭道成所掌握，進而篡宋自立，宋亡，凡六十年（西元 420 ～ 479 年）。

▼ 大明寺：
始建於南朝劉宋大明年間（A.D.457 ～ 467）以年號命名。稱：大明寺。

劉宋的錢幣：

四銖：（A.D.430）

　　劉宋農業和手工業發達，加上江河交通便利，使得商業日漸發達，江南社會穩定地朝貨幣經濟與商品經濟發展，甚至連江北的漢中地區，也在劉宋中期開始使用貨幣。但由於國家控制的銅礦不足，使得幣制屢變，質量不精。劉宋鑄過幾種錢幣，最早的是文帝元嘉七年（西元430年）鑄的「四銖」，形制略仿漢五銖，厚重約2.5克至3克，有些背面有星點。劉宋幣制，在中國貨幣史上，有特別意義，自西漢武帝鑄五銖以來，歷朝都沿用這名稱，四銖錢的鑄造在名目上是減重的開始，因為當時流通的是五銖錢，不過在實質上，還不能看作減重，比如東晉五銖、沈郎五朱、稚錢、對文、女錢等，重量還不到四銖。

　　為統一當時混亂的幣制，初鑄的四銖錢，是名符其實的四銖，所以史書說：「用費損無利，故百姓不盜鑄」；但這只限最初的一個時期，後來仍然發生私鑄，輕至2克以下，也有剪邊的。

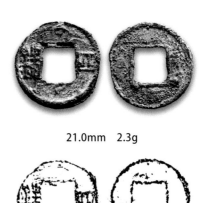

21.0mm　2.3g

21.0mm 2.1g （升四）　　　　　21.0mm 2.6g （降四）

20.0mm 1.1g （四柱）

孝建四銖：（A.D.454）

孝武帝孝建元年（西元454年）改鑄「孝建四銖」，一面鑄「孝建」二字，一面仍為「四銖」二字，初鑄每枚在2克左右。這種孝建四銖種類很多，而背有各種星點、有陽文、陰文、也有錢文倒書的、可能是民鑄；後來，又除「四銖」二字，只留孝建年號，重約1克左右，這已經是二銖錢了。

孝建四銖的錢文「薤葉書體」，（薤，音：「械」。百合科，氣如蔥，葉像韭而中空，莖像小蒜，可食）纖巧綺麗，有如當時佛像的苗條身軀，和飄逸的衣折，它錢徑雖小，卻美麗動人，不論製作和文字，都具有高度水準。

22.0mm 3.5g

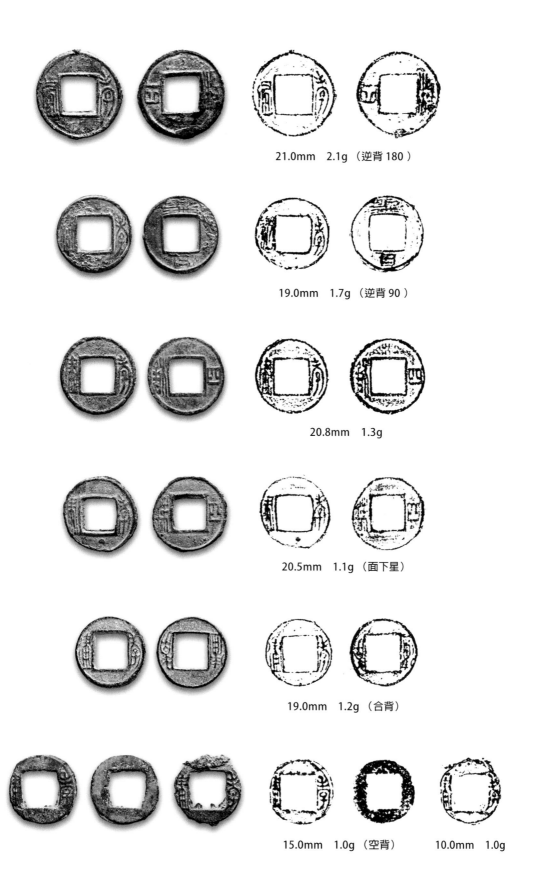

21.0mm　2.1g　（逆背 180 ）

19.0mm　1.7g　（逆背 90 ）

20.8mm　1.3g

20.5mm　1.1g　（面下星）

19.0mm　1.2g　（合背）

15.0mm　1.0g　（空背）　　　10.0mm　1.0g

面下星 正面放大圖

面下星 背面放大圖

大明四銖：（457～464）

大明（457 年正月─464 年十二月）是南朝宋孝武皇帝劉駿的年號，共計 7 年餘。大明八年閏五月宋前廢帝劉子業即位沿用。

大明四銖
（錄自中國古錢大集）

（2008 年嘉德拍賣品）

永光、景和：（A.D.465）

永光元年（西元 465 年）又鑄二銖錢，錢文改爲「永光」，又有景和年號錢。但永光錢只鑄了一個月；景和只用了三個月。另外還有「兩銖」錢，製作也相近，重約1.2克，大概係當時所鑄，也極少見。

18.5mm 2.0g

19.0mm　1.0g

19.0mm 1.0g （賴彥本 藏）

CHAPTER 9

齊

齊

　　蕭道成即齊高帝，自以起自布衣，頗思有所作為，在位二年而崩。武帝繼位，十餘年間，安定富庶，是蕭齊的盛世，文學頗多成就，如劉勰的《文心雕龍》等名著皆完成此時，但其後宗室相殘，和劉宋如出一轍。傳至東昏侯，暴虐無道，雍州刺史蕭衍起兵東下，取代蕭齊，國號：梁。齊亡，共二十四年（西元 479～502 年）。

興安陵：
位於江蘇丹陽，係齊蕭鸞及蕭順的陵墓，鸞是齊高帝蕭道成的侄子，生性殘暴，為奪政權，不惜將齊高子孫誅殺殆盡。

◄ 天禄石獸。

▼ 六朝陵墓前常有華表（神道石柱）一對、石牌一道及石角端和天禄石獸；王公大臣墓前的石獸，不同於皇帝，為辟邪一對。東晉時因動亂怕盜掘，故平葬不起墳，地面亦無石刻。

蕭齊的錢幣：

齊五銖：（AD490～）

蕭齊在建元四年（西元 482 年）曾計劃鑄錢，沒有實行；永明八年（490 年）派人到四川鑄過一千多萬錢，因成本過高而停止。這種五銖錢筆者認為和早期蜀五銖相似，但較輕薄僅二克上下；另外一種錢型小，外輪較細，內郭廣穿，錢背輪、郭俱全，錢文纖細，承襲劉宋的孝建錢相似。

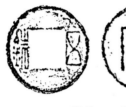

22.0mm　2.2g
（早期四川鑄）

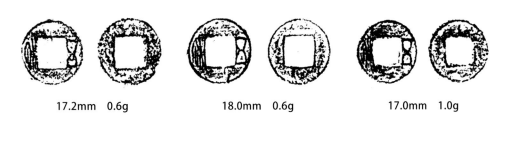

17.2mm　0.6g　　　　18.0mm　0.6g　　　　17.0mm　1.0g

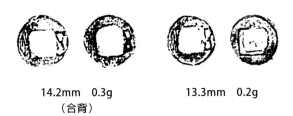

14.2mm　0.3g　　　　13.3mm　0.2g
（合背）

2003 年 7 月四川綿陽三台縣曾一次出土 500 多枚，經謝林先生整理發表於《中國錢幣》2009 年第 3 期 34 頁上，初步統計約有 22 種型式，摘錄如下以供參考。

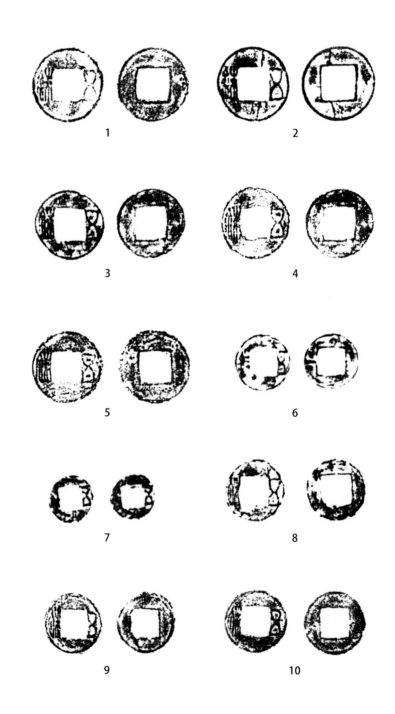

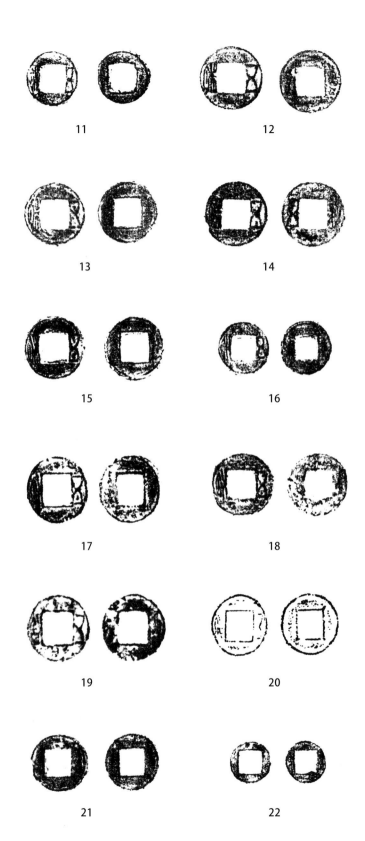

11

12

13

14

15

16

17

18

19

20

21

22

CHAPTER 10

梁

梁

蕭衍取代齊後，稱：梁武帝。在位四十八年，勤政愛民，提倡學術文化，有名的《昭明文選》也是在此時問世，是南朝不可多得的好皇帝，可惜晚年迷信佛法，曾三次捨身同泰寺，政治逐漸廢弛；又接納東魏降將侯景，不久侯景叛亂，攻入建康，武帝憤死，賴陳霸先等起兵討平侯景，而梁亦終為陳霸先所篡。梁亡，凡五十五年（西元 502 ～ 557 年）。

武帝姓蕭名衍字叔達，小字練兒，父順之齊高帝叔也，封臨湘侯，居秣陵縣，衍為兒時，能蹈空而行，及長，博學能文，有文武才幹，仕齊至相國，封梁王，篡齊稱帝，在位四十八年、壽八十六，改元凡七，天監十八，普通七、大通二，中大通六，大同一，太清三，傳簡文帝元帝敬帝，凡四主，共五十五年。陳霸先篡之，按帝孝慈恭儉，一材一藝，無不精絕，初政可觀，民安物阜，天監四年，斛米賤至三十錢，繼惑於佛，捨身同泰寺，後納侯景，以三度捨佛之身，竟於台城餓死，荷荷而崩，惜哉。

（閻立本繪）

雞鳴寺：
梁時稱：同泰寺，梁武帝常
年於同泰寺中設無遮大會，
布施眾生，耗費無數，並幾
次捨身同泰寺，群臣以錢一億
萬奉贖其身，過份迷信佛教，
經綱不立，以致亡國。
(註：近人考證梁時雞鳴寺和
台城，應在小營以南。)

台城遺址：
在南京之覆舟山麓，玄武湖側，梁時建宮於此，侯景之亂，梁武帝坐看台城陷敵，餓死在這裡。

鎮江招隱寺，梁武帝子昭明太子蕭統讀書和編撰文集之處。

蕭梁的錢幣：

天監五銖：（A.D.502）

蕭衍一做皇帝，馬上開始鑄錢，就是天監元年（西元 502 年）的兩種五銖。《隋書‧食貨志》「梁武帝鑄錢，文曰：『五銖，又別鑄除內廓，謂之女錢，二品並行⋯⋯』。」

兩種五銖的大小輕重一樣，唯一的區別在有沒有外郭，有外郭的一種我們可名之「天監五銖」；另一種當時稱「公式女錢」。

這樣的區別是如何認定？從何說起？在當時梁人顧烜他是位錢學家，著有《顧烜錢譜》。他說：「公式女錢，輕重大小如新鑄（天監）五銖，但邊無輪郭」。以此類推「公式女錢」是沒有內郭，也沒有外郭的，而且錢文重新書寫，纖細柔弱，容易區分。所以「天監五銖」是沒有內郭，但有外郭的五銖，錢文沿襲漢末、兩晉舊范。

23.0mm　1.9g

22.2mm　1.7g　　　23.0mm　1.5g　　　23.0mm　1.5g

公式女錢：（A.D.502）

「公式女錢」的「公式」是指「官方」鑄造之意，「女錢」是指「弱小」之意。意思指官方鑄造薄小的五銖錢，同當代的稚錢差不多；古人稱「女桑」，是指初生柔弱的小桑樹，「女牆」，是指城牆上的矮牆。

固然，公式女錢一直沒有由官方直接發行，而是讓民間私鑄，到普通三年才流通，次年即用鐵錢。這類五銖，在蕭梁以前即有之，這種外輪郭被剪掉 10％，或僅留一點點外郭，而五銖兩字仍清楚可見，早在西漢宣帝五銖，東漢五銖時代就有出現，其目的盜磨邊郭取銅；至蕭梁時才以此為范正式鑄造，民間私鑄政府默認，因為它大小輕重和天監五銖相比較並不差。

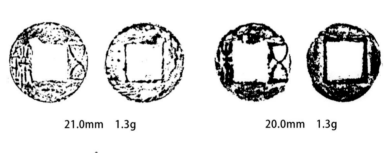

21.0mm　1.3g　　　　　　20.0mm　1.3g

公式女錢放大圖

稚錢、鵝眼錢：（A.D.555～）

稚者，孩童之意，指錢尤小於女錢，故名稚錢。錢徑約八分半（約2厘米），重約二銖（約1.5克）。

「鵝眼五銖」梁末所鑄，顧烜曰：「此錢入水不沉，隨手即破碎，尺帛、斗栗，動輸一萬，徑六分（1.2厘米），重五分（0.4克），字隆起，無輪郭」。

19.0mm　1.3g

14.0mm　0.5g

對文錢、綖環錢：（A.D.555～）

　　就是將一枚舊漢五銖剪鑿成兩枚，存有內郭的部份稱「對文」，存有外輪郭部份稱「綖環」；但在劉宋時用的綖環錢應該是更小如線環的錢，此錢穿孔極大，像個小環，這是蕭梁政府准許民間私鑄的後果。市井用錢不再計數，而用手來抓，十萬錢還不滿一掬，一斗米一尺帛賣一萬個錢。結果商貨不行，等於貨幣制度的崩潰。

26.0mm　2.6g

綖環錢：
2003 年湖州出土的南朝青瓷罐，內有銅幣 900 餘枚。（《中國錢幣》2006.2.46 頁）

（綖環錢．徑約 10mm ～ 14mm 重僅 0.2g ～ 0.5g 穿極大。）

梁鐵五銖：（A.D.523）

　　梁普通四年（西元 523 年）十二月鑄造「鐵五銖」，背面有四出文，同東漢靈帝時的角錢一樣。中國大規模使用鐵錢，這是第一次，原因是銅的供給不夠，和梁初銅錢使用的混亂，索性用鐵錢以期統一。《南史》卷七《梁本紀中第七》：「普通四年十二月戊午，用給事王子雲議，始鑄鐵錢。」

　　顧烜述：「五銖鐵錢徑一寸一分，背有四出紋，此外，另有大吉五銖、大通五銖、大富五銖三種鐵錢，大小輕重悉如前述五銖鐵錢，錢背亦有四出紋。」。梁一寸約 2.46 厘米和此錢型直徑接近。

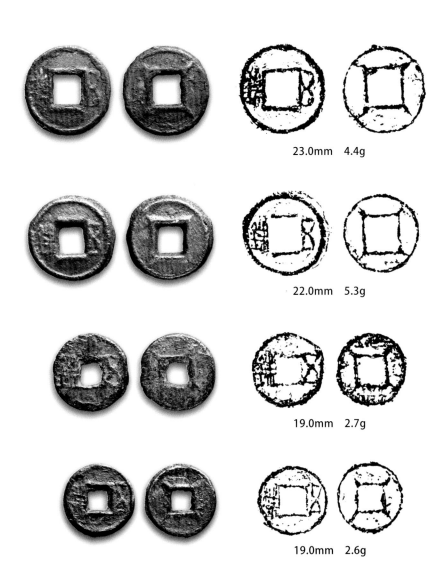

23.0mm　4.4g

22.0mm　5.3g

19.0mm　2.7g

19.0mm　2.6g

大吉五銖、大通五銖、大富五銖背四出陶范。民國廿四年十二月間，南京通濟門外，出土蕭梁四出五銖合土範一坑，內以大吉五銖大通五銖大吉五銖三泉合一範為最奇。今將該拓片景印於此，此範錢型甚大或當時僅有其範，而並未鑄泉也。（丁福保：《歷代古錢圖說》（齊魯書社，2006 年），頁 63）

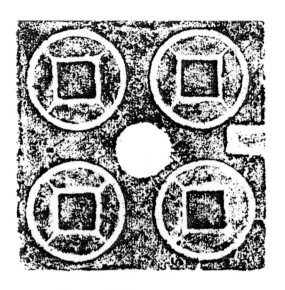

（張叔馴舊藏）

二柱、四柱五銖：（A.D.552～557）

武帝末年，侯景叛亂，首都建康受到圍攻，不久就失陷，武帝餓死。史書說：「大同以後，所在鐵錢，遂如邱山，物值騰貴。交易者以車載錢，不復計數，而唯論貫。」建康物價狂漲，米一斗八十萬，狗一條二十萬，這自然都是用鐵錢計價。

侯景死，蕭繹在江陵即帝位，發行當十錢，這當十錢應該是銅錢，抵十枚鐵錢用；這當十錢史書沒有說是什麼錢，應是所謂「二柱五銖」大小同天監五銖差不多，但在錢面穿孔上下各鑄一星點，以別於普通錢。承聖三年（西元554年）西魏軍大舉南攻，蕭繹被殺。陳霸先在建康立蕭方智為敬帝。

敬帝在太平元年（556年）下令禁用古今錢，包括銅鐵錢。此時銅錢小如鵝眼，故名鵝眼錢，次年（557年）鑄「四柱錢」一當二十，所謂「四柱」是除正面星點外，背面還有兩個星點，大小和二柱錢差不多；這是進一步貶值，不過這種名價不容易維持，所以十三天以後，就改為當十，又過四天，改為同普通錢平價流通，幾個月就亡國了。

近年來三國、西晉的墓葬和窖藏中有二柱、四柱五銖的出土。這二柱、四柱五銖錢文是「壓五壓金」，和梁二柱、四柱是完全不同的。（〈曹魏五銖研究〉，《中國錢幣》（1997年4月））

魏晉時期的二柱、四柱錢：

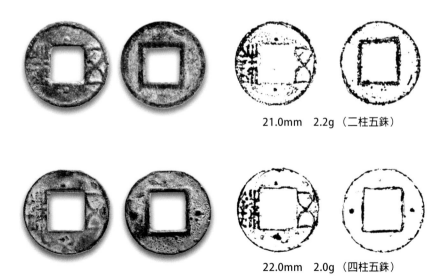

21.0mm　2.2g　（二柱五銖）

22.0mm　2.0g　（四柱五銖）

蕭梁末期的二柱、四柱五銖錢：

22.0mm　2.3g（二柱五銖）

湖州內河遺址出土的二柱五銖：

21.7mm　2.8g

23.0mm　2.0g

太清豐樂：

「太清豐樂」錢，洪志列厭勝品，自後各家譜錄皆遵之曰：「天清豐樂」，列厭勝品。至清季李鮑二氏作《古泉匯》，仍沿其誤，歷六百餘年而未有加之考證者，今審其文字，首一字下點，實爲「太」字，如太貨六銖、太和五銖之「太」字可證，雖上有一畫，亦不應釋爲「天」字，故此錢文應讀「太清豐樂」。查太清年號，前涼張天錫與南朝梁武帝皆用之，既屬年號，此錢有考，惟屬涼屬梁尙須研究；再審其制作背文四出，驟視之似同梁五銖，締視之實異於梁制，蓋此錢近來發現多種，有大形，小形又分闊緣狹緣，大形雖背有四出，而緣郭絕似大形「太和」，小形雖緣有闊狹，而形制絕似「四出永安」，具有北地氣息，而無南朝風韻……此錢屬後魏則不可。總之，以「太清豐樂」錢屬梁武者，年號則是，而氣息不同；屬後魏者，氣息相同，而年號則非，二者皆祗知其一不知其二，豈確論哉？（鄭家相《泉幣》第一期）

「豐樂」錢見於《泉志》，李孝美釋爲「天清豐樂」，又有釋爲「豐樂式銖」，蓋文字糢糊所誤。今世發現精品，實係「太清」二字，「太」字增劃，「清」字省筆，乃六朝風氣使然，不足怪也。

「豐樂」見《三國志・楊俊傳》，「市不豐樂」；又《晉書・苻堅傳》，「百姓豐樂」太清則年號也；鄭家相以爲西涼張天賜稱太清時鑄。羅沐園嘗考之，以爲：

一、此錢制作，全仿永安五銖，然永安之制，後於西涼稱太清者，殆百七十年，似張氏不能創此詭異之物。

二、此錢出土，多在江南，未聞來自甘肅者。

三、此錢背四出文，闊而銳角，逼肖梁鐵五銖之四出文。

四、永安四出文錢，鑄於西魏大統七年，後五年，即梁之太清也。

梁武帝普通中，廣鑄鐵錢，車載斗量，終廢不行。中大同元年七月詔曰：「頃聞外間多用九陌錢，陌減則物貴，陌足則物賤。……今可通用足陌錢，令書行後，百日爲期」。次年即改

太清，錢名豐樂，豈「足陌」之謂云。歸之梁武，其說亦通。」（戴足齋：《泉幣》17 期）

根據《隋書・經籍志》記載：梁武帝在華林園中總集釋氏經典共五千四百卷，沙門寶唱撰經目錄，這是佛經有藏的開始。

「……能夠受持講說此經，則七難不起，災害不生，萬民豐樂……又有八吉祥經一卷，蕭梁僧伽婆羅譯。」

近年來江蘇宜興、南京一帶出土數量不少的太清豐樂錢，梁地鑄幣已無疑矣！

21.5mm　3.5g

陳

陳

陳霸先即陳武帝，陳朝承大亂之後，當時江北之地全失，長江上游又有西梁，在南朝之中，是疆域最小的時期；陳武帝，堪稱是魏晉南北朝時期中屬於南朝方面的一位十分難得的英明君主，其個性節儉樸素，「常膳不過數品，私宴用瓦器、蚌盤，餚核充事而已；後宮無金翠之飾，不設女樂」。在政治上寬政廉平，愛育為本，恆崇寬政，不搞株連，懷柔攻心，誠貫天下。但其統治疆域是南朝四代主要政權疆域最小的一個。在經濟上，穩定保持了江南的發展。傳至後主叔寶，荒淫無度，國力更加衰弱，為隋所滅，陳亡，計三十三年（西元 557 ～ 589 年）。南北朝對峙之局結束。

▲ 陳霸先（錄自網路）

➤ 陳後主像：
後主耽於逸樂，雖其文學上有其專長，為「詞宗」泰斗，但不修政事，究非政治領袖所宜，於是政治敗壞，佞臣用事，將士解體，時隋人長驅直下，南朝也就此亡國。（閻立本繪）

南陳的錢幣：

陳初流通的錢幣，除了四柱錢以外，還有二柱錢和鵝眼錢，各種錢都等價流通，可是輕重不等，二柱錢比鵝眼錢重，所以私家將比較重的錢銷鎔改鑄，雜以錫鐵；也有用粟帛來支付的，這就表示當時貨幣流通的混亂。

天嘉五銖：（A.D.562）

陳想要穩定幣值，於天嘉三年（西元 562 年）改鑄五銖；一枚抵舊錢十枚，錢徑 2.2 厘米，重 2.7 克，這種五銖錢是四五十年來最厚重的，無論如何，比梁末的四柱五銖，兩柱錢要厚重，所以當十枚鵝眼錢，不能算是怎樣過份。

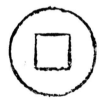

23.0mm 2.7g

（天嘉五銖錢范 張叔馴舊藏）

太貨六銖：（A.D.579）

　　宣帝太建十一年（西元 579 年）鑄「太貨六銖」，和五銖同時流通，一枚當五銖十枚，但重量還不到天嘉五銖的一倍，這就是嚴重的貶值行為；百姓很不滿，又無力反抗，只好進行詛咒，說「六銖」錢對皇帝不利，因為六銖的「六」字，篆書字很像一個人叉著腰，大家就說：「叉腰哭天子」，不久宣帝果然死了。廢六銖，專用五銖。

 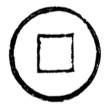

25.0mm　3.5g

北魏

北魏

鮮卑族的拓跋部原居於興安嶺以東，其後逐漸向西南遷移，大概在漢、魏之間抵達塞北游牧，開始接觸漢文化；晉初，拓跋什翼犍曾建國稱代王，為前秦苻堅所滅。淝水戰後，什翼犍之孫拓跋珪乘機復國，改國號：魏，史稱北魏；珪即北魏道武帝，遷都平城，國基大定；二傳至拓跋燾，即太武帝，英勇善戰，御下有方，當時北方各國相繼為魏太武帝所滅。於是北方統一（西元 439 年），結束了十六國紛爭時代。

魏太武帝三傳至孝文帝，深慕中原文化，他為了融合胡、漢，進行許多重大改革。孝文帝以舊都平城，為用武之地，非可文治，河洛為歷史名都，經濟厚富，通運四方，便於經略海內，控制中原；魏太和十七年（493 年），以南伐為名，進駐洛陽，正式定都。爾後，推行漢化、禁胡

▼ 魏道武帝拓拔珪彫像：
（西元 371—409）年號
有：登國、皇始、天興、
天賜。

服、斷北語、通婚姻、重文教、改姓氏。如：拓跋改元、紇骨改胡、丘穆陵改穆、步六孤爲陸。從此胡、漢界逐漸消弭，但也因中原鮮卑人漢化深，和北境漢化淺的鮮卑人形成隔閡，造成後來東、西魏分裂的原因。

　　此時經學趨於衰微，思想頗爲空虛。而天下長期動亂，生民痛苦，西域高僧相繼東來，弘揚佛法，翻譯佛經，佛教遂盛，五胡的君主受其影響，亦多信佛法；有名的雲崗石窟、龍門石窟、麥積山石窟及部份敦煌石窟的繼建都是於此時開鑿，犍陀羅（Gandhara）造像風格在五胡十六國時代的初期佛像造形，便是深受此式樣的影響，下及北魏，遺風仍盛。往後佛教美術、佛像藝術深受其影響。

▲ 雲岡石窟：
開鑿於魏文帝時，當時正是漢化政策大力推行時期，從佛像雕刻的輪廓上來看，北方民族高狀寬肩的身材，及方顏豐頰，廣額高鼻等特徵，一一浮現。

◄ 北魏故城遺址
（錄自：百度百科）

雲岡石窟第十一窟東壁「太和七年碑記」。

麥積山石窟：
位於甘肅天水東南，西秦統治天水時，高僧曇弘在此禪居，不久名僧高繼至，共主佛事，拓拔氏建立的北魏王朝的勢力擴張到天水時，麥積山更成了著名的佛教勝地。魏文帝原配皇后乙弗氏出家為尼，死後鑿麥積崖為龕而葬，號稱：寂陵。

北魏的錢幣：

北魏由於是游牧民族，建國初沒有一定的貨幣制度，到孝文帝拓跋宏太和十七年（西元 493 年）遷都洛陽後二年才正式鑄錢。

太和五銖：（A.D.495）

孝文帝太和十九年（西元 495 年）初發行「太和五銖」，按《洛陽伽藍記》稱北魏後期百姓殷富，年登俗樂，衣食粗得保障。在手工業方面，北魏後期鍊鋼技術有新的成就，相州牽口冶（在今河南安陽）製成銳利的鋼刀。商業也逐漸活躍起來，太和以前，北方商業幾乎處於停頓狀態，錢貨無所周流。孝文帝時，元淑為河東太守，當地許多

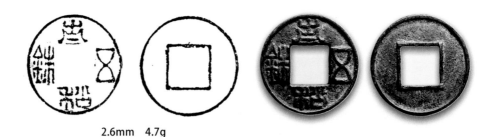

2.6mm　　4.7g

百姓棄農經商。隨著商業的發展，貨幣恢複流通，太和十九年，又重新鑄造「太和五銖」錢，規定此錢在京師及全國諸州鎮都可通行。宣武帝時，洛陽的商業相當繁榮，成為國際性的商業大城市。

　　史籍記載，不但官方鑄錢，連民間同時也有鼓鑄，但所謂民鑄的錢形制如何，現在很難斷定，一般錢的直徑約 2.4～2.55 厘米，重量約 2.85～4.2 克，大小均勻，沒有顯著重量上的差異。另外「太和」字寫法偶有不同；背穿四角有些有決文、及背四道等等，錢型略小是否民鑄，仍待考證。

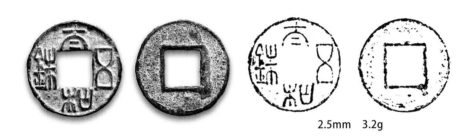

2.5mm　3.2g

26.0mm　3.3g

25.0mm　3.6g （林春雄 藏）

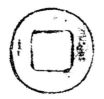

23.5 2.1g （林春雄 藏）

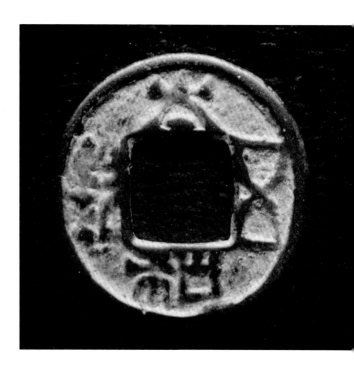

21.0mm 2.9g （背四道）

永平五銖（A・D・509）熙平五銖（A・D・517）：

《魏書·食貨志》：「世宗永平二年冬，又鑄五銖。肅宗初，京師及諸州鎮或鑄或否，或有止用古錢，不行新鑄，致商貨不通，貿遷頗隔。」

杜維善《五銖繫年彙考》：「孝明帝熙平二年（西元 517 年）曾經有鑄錢之事，但為歷來錢學家所忽略。因為沒有注意到此事，所以後來幾朝的五銖，在斷代上都不準確，以訛傳訛，一直沿用舊說，沒有更正。」；《魏書·食貨志》：「二年冬（熙平二年），尚書崔亮奏：『恆農郡，銅青各有銅礦，計得一斗得銅五兩四銖，偉池谷礦，計一斗得銅五兩，鸞帳山礦，計一斗得銅八兩，南青州苑燭山，青州商山并是往昔銅官，舊述見在，謹按鑄錢方興，同銅處廣，即有冶利，並宜開鑄。』詔從之。自后所行之錢，民多私鑄，稍就小薄，價用彌賤。」；又《魏書·肅宗紀、第九》：「三年春正月甲申，詔峻鑄錢之制。」文中「詔峻」二字，應作「詔令嚴格」的意思，也就是說下令嚴格制定鑄錢的標準。

史書上並說出這兩種錢的形制如何？但從北魏太和錢上的「五銖」兩字來看，文字上「五」字交叉直筆，狹長，「銖」字「金」旁微斜，「金」頭不正，「金」中四點，常常不明顯，或有缺點，「朱」字旁上下折相等，有時上折略向右傾；正、背緣皆闊，尤其晚期縮小減重的太和五銖更明顯。我們把太和五銖的「太和」剔除，只留「五銖」（圖 1），那不是就像新鑄幣永平五銖（圖 2），再把永平五銖的錢加上「永安」兩字（圖 3），不就是後來永安二年秋（A・D・529）所鑄的永安五銖嗎？（圖 4）

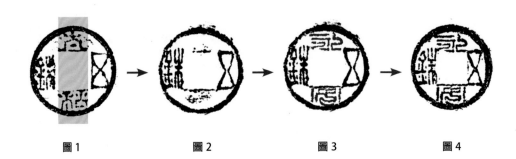

圖 1　　　　　　　圖 2　　　　　　　圖 3　　　　　　　圖 4

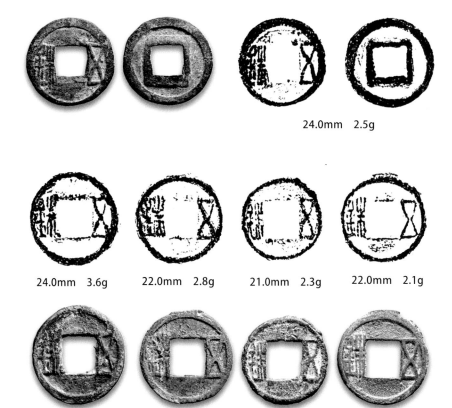

24.0mm　2.5g

24.0mm　3.6g　　　22.0mm　2.8g　　　21.0mm　2.3g　　　22.0mm　2.1g

永安五銖：（A.D.529～533）

　　是北朝最複雜的錢幣，因為當時准許民間鑄造，而使用時間又長，致使在斷代上有一定的困難。《魏書‧食貨志》「至永安二年秋，詔更改鑄，文曰：永安五銖，官自立爐，起自九月至三年正月而止。官欲貴錢，乃出藏絹，分遣使人於二市賣之，絹匹止錢二百，而私市者，猶三百。利之所在，盜鑄彌眾，巧偽即多，輕重非一，四方州鎮，用各不同。」

　　北魏的永安五銖錢在形制，錢文基本是用孝明帝五銖的書法。「永安」兩字比較寬扁，「五銖」二字比較窄長，錢面、背外緣和背內郭都較闊，很少反廓或決文，面背合范常有移范現象，官、州，私爐皆有出現。

「永安五銖」，錢重量變化很大，初鑄有重至4克左右，一般均在3.5克至2.5克之間；另一種「永安五銖」，背「土」是在洛陽鑄造，這種錢很少，以往對這錢有很多爭論，鑄造年代應該是孝莊帝永安三年（西元530年）到孝武帝永熙二年（533年）之間。關於背「土」字的說法，舊說有「土德」之說，有「土錢」（地方上的錢）之說，有「結」之說，有「洛陽」之說。鄭家相《在說永安五銖背土》一文中則認為《東亞錢志》「隋書所謂：吉錢，有謂即係背「土」之永安五銖，以「土」字在好郭之上，合成「吉」字也。」此說尚屬可信；此背「土」字永安五銖之爭釋讀，以背「吉」來定案。

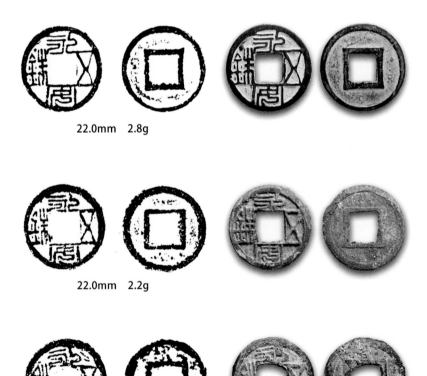

22.0mm　2.8g

22.0mm　2.2g

21.0mm　1.6g

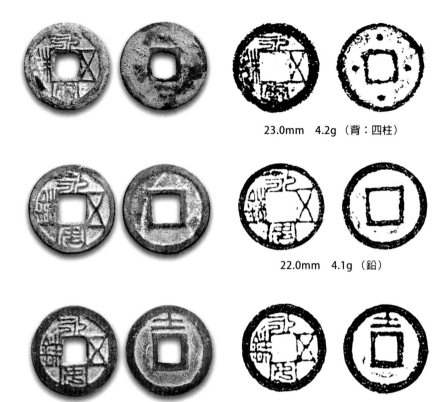

23.0mm　4.2g　（背：四柱）

22.0mm　4.1g　（鉛）

22.0mm　4.3g　（背：吉）

放大圖

東、西魏
的分裂

東、西魏
的分裂

北魏至孝文帝以後的漢化運動之各項措施,可知孝文帝是想在根本上做起,來改變鮮卑人的生活方式,擺脫胡、漢之因種族所產生之隔閡,提昇鮮卑人的文化水平,故孝文帝曾說「正欲鮮卑子孫、漸染美俗、聞見廣博」,又曰「如此漸習,風化可新,若乃故俗,恐數世之後,伊洛之下,復成被髮之人」,惟惜孝文帝於遷洛的第五年崩,導致日後漢化運動已非孝文帝最初之原意。

中原鮮卑人漢化既深,豪門貴族奢侈淫華,政治與社會風氣漸壞;而北境漢化較淺的鮮卑人,仍然維持質樸勇勁的舊俗,南北隱然形成隔閡對立的現象。傳至孝明帝,

▼ 北魏孝文帝自己以倡導衣冠禮樂的「哲王」自居,他本人也換上漢族帝王服。

胡太后臨朝，寵信小人，迷信佛法，政治益爲惡化；於是
先有北方「六鎮」的反叛，繼有爾朱氏之亂，最後漢人高
歡起兵滅爾朱氏，立孝武帝，專擅朝政。孝武帝謀誅高歡
不成，西奔長安，依關西大都督宇文泰，十二月爲宇文泰
酖弑，元泰另立元寶炬爲文帝，史稱：西魏；高歡則另立
清河王世子元善見爲帝，是爲孝靜帝，遷都鄴，史稱：東
魏。於是北魏正式分裂爲東魏與西魏。東魏（西元 534 ～
550 年），西魏（西元 535 ～ 557 年）。

▲ 敦煌壁畫．西魏，五百強盜
成佛局部：官兵與強盜作戰的
場面，宮兵乘騎鎧馬，戴盔披
甲，手握長槍與穿褲褶麻鞋的
強盜展開嘶殺。

東魏的錢幣：

　　東魏初年仍承北魏舊制，沿用永安五銖。對於東魏永安五銖的斷代，史書中明文記載缺乏，近年由於西魏侯義墓的發現，東魏永安五銖方能作有系統的斷代研究。

武定時期的永安五銖：（A.D.544～）

　　東魏永安五銖早期仍受北魏幣制的影響，一般錢的內外緣比較闊，而且四角方整；到了武定二年（西元544年）以後，則形制完全改變，背穿變細，有反郭，決文和四出等種種形式。

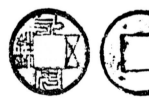

22.0mm　　1.9g

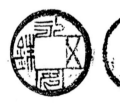

22.0mm 2.2g

永安五銖 · 背四道：(A.D.541～)

　　永安五銖「背四道」，製作非常精緻，錢徑平均2.3厘米左右，重約2.5克～3.7克，錢范式樣眾多，而且有小樣存世（徑1.9厘米左右）。

　　《三國典略》：「西魏大統七年正月，東魏有雀銜永安錢置渤海王高歡前。歡世子澄乃令百爐別鑄此錢，鄴中號令百爐錢。」這記載有點神話性質，但不論如何，東魏孝靜帝興和三年（西元541年）當時可能有什麼特別的事發生，推測可能是同年東魏頒新法令號為「麟趾格」，同年冬東魏大豐收，新鑄錢可能和這些慶典有關。（杜維善：《五銖繫年彙考 · 東魏之錢幣》）

24.0mm　3.6g

放大圖

西魏的錢幣：

　　西魏的錢幣，史書記載不多，對於當時鑄幣的情況，更是模糊，所以西魏的錢一直沒定論。《文物》1987 年發表了西魏侯義墓的資料，西魏侯義墓是第一次發現有紀年的西魏墓（葬於西魏文帝大統六年四月），同時有錢幣出土，西魏的幣制從此得到一個可靠的證據。

大統五銖：（A.D.540 ～ 546）

　　西魏建國初年（大統元年至六年）可以推斷主要的流通貨幣是北魏年間的五銖——永安五銖；當時這些流通的錢不是減重錢便是私鑄，因此，到大統六年（西元 540 年）西魏正式第一次鑄造符合重量的錢。《北史》：「西魏文帝大統六年二月，鑄五銖錢」。

　　西魏五銖，以往一直被認爲隋文帝的「置樣五銖」，如：丁福保《歷代古錢圖說》、朱活《古錢新典》等書，到五〇年代先有日本藏泉家瀨尾外與藏在他的《隨手雜錄古錢研究》一書中指出，這種五銖是西魏大統六年的五銖；1958 年彭信威的《中國貨幣史》也曾提出；自西魏侯義墓的資料發表後，更有杜維善《五銖繫年彙考·西魏幣制之探討》，黨順民：〈關於魏至隋「五銖」錢的探討〉等專文研究發表，「大統五銖」終於可大白於世。

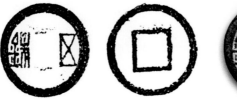

24.0mm　3.6g（六年鑄）

放大圖

西魏文帝大統十二年（西元 546 年）三月又鑄五銖；
不論在形制，錢文上基本和六年所鑄的五銖一樣，但錢本
身沒有六年的五銖錢那麼重，因此，是明顯的減重。1991
年 9 月咸陽市考古研究所，在陝西省郵電學校院內清理北
朝、宋墓 6 座，出土墓誌磚一塊面刻「大統十六年七月九
日，謝婆仁銘，住在謝營中」3 行 18 字，隨墓出土五銖錢，
和咸陽胡家溝西魏侯義墓、漢中市崔家營西魏墓出土的五
銖錢完全一樣。（袁林、和廣漢：《錢幣研究·咸陽西魏
謝婆仁墓出土五銖錢》）

十二年鑄的錢，一般錢徑 2.4 厘米或 2.3 厘米，重 2.5
克也有減至 2.1 克，另有一部份重量僅 1.6 克。含銅量成
份不高，雜有其他金屬。

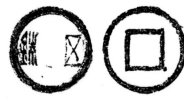 

22～19mm　2.7～1.6g
（十二年鑄）

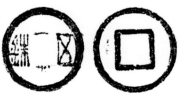 

21.0mm　2.3g

放大圖

北齊

北齊

東魏政權操之高歡，控有中原，西魏政權操之宇文泰，控有關、隴地區，雙方連年交戰，勝負難分；高歡死後，由其子澄繼位，不久遇刺死亡，澄弟高洋繼立，洋篡魏稱帝，國號：齊，是為齊文帝，史稱：北齊。

高洋是很有能力的君主，即使他後來作風狂暴殘虐，殺人無數，但是整體來說北齊在他統治之下是很強盛的；洋死後，洋弟高演殺洋子自立為帝，是為孝昭帝，演在位三年，死後弟高湛繼位，稱為武成帝。武成帝禪位傳子高緯；湛、緯父子兩人都是殘狠淫亂的昏主，北齊政治大壞。西元 577 年為北周武帝所滅。（西元 550 ～ 577 年）

▼ 北齊鄴都銅雀臺：
此地曾為三國時代魏的鄴都，五胡十六國時代後趙、前燕的都城，亦為東魏和北齊的都城；高歡立孝靜帝將都城立於鄴，自己則在晉陽遙控朝政。

▲ 出行圖：
山東臨朐冶源鎮崔芬墓出土，
北齊天保二年繪。

◀ 儀衛出巡圖：
山西太原王郭村婁叡墓出土，
北齊武平元年繪。

北齊的鑄幣：

常平五銖：（A.D.553）

　　北齊開國後，仍舊用東魏的永安五銖，文宣帝天保四年（西元553年）正月才正式自己鑄錢。

　　《隋書・食貨志》：「文宣受禪，除永安之錢，改鑄常平五銖，重如其文。其錢甚貴，且制造甚精。至乾明、皇建之間，往往私鑄。鄴中用錢，有赤熟、青熟、細眉、赤生之異。河南所用，有青薄鉛錫之別。青、齊、徐、兗、梁、豫州，輩類各殊。武平以後，私鑄轉甚，或以生鐵和銅。至于齊亡，卒不能禁。」

　　「常平五銖」平均徑2.45厘米，重4克左右，在製作上非常精巧，文字方面變化極少，現在所能見到的絕大部份都是官爐，私鑄錢反而絕少傳世。

24.0mm　3.6g（背四道）
（林春雄藏）

22.5mm　4.2g（合背）
（林春雄藏）

24.0mm　3.7g

常平五銖合背鎏金：

　　宋代丁度撰《集韻》：「美金謂之鎏」，乃質地精美之金屬。而流本作「水行」解，有流放之意，因此，鎏金即可解為使金屬美麗而光彩四溢。鎏金即為化學方法之鍍金工藝，銅、銀器用鎏技術裝飾來美化其表面的，稱為鎏金器。鎏金的原理可能由鍍錫而來，《詩經》小戎篇：描述婦人思念出征丈夫的歌謠中，每段都有「鋈」字出現。《說文》中「鋈」意為白金，而「鋈」又有鍍的意思，因而「鋈」可解釋鍍白金色的金屬。錫能長久保持明亮的白金色，熔點低，容易鍍於其他金屬表面。由此推測鍍（鋈）錫在周代可能已經普遍應用，並且為鎏金前身。

　　鎏金即為火烤的鍍金法。鍍品最好用純銅、純銀，或紋銀製作。純銅在高溫鑄造時氧化過速，鑄品表面紋飾不易精細，如改用青銅或黃銅，其含錫或鋅量不可超過百分之二十。因超此比例，在鍍金時不易將所用水銀完全除去，影響鍍金面的完整及顏色。在鎏金作業開始前需先依所鍍器物的大小，選取一根適用的銅棍，將其前端打扁，並略翹起像小鏟子。此銅棍表面需清潔乾淨及打磨光滑，古法用煮熟的烏梅水塗抹其前端，並浸入水銀內。如此反覆塗抹浸入數次後，銅棍前端粘滿水銀，就製成作業中的主要工具「金棍」。第二步將黃金擊成薄片並切碎，放入加熱至攝氏四百度左右的坩堝中，再倒入水銀，用木炭棒或竹棒將其攪伴均勻。黃金與水銀重量之比大約為三比八。黃金被水銀熔解後，將熔液倒入水中冷卻，成為稠糊狀的「金泥」，也稱「金汞齊」。用金棍沾起金泥及百分七十濃度的硝酸（古法用鹽與礬的混合液）塗敷於鍍品表面，並以細毛刷沾百分之五十的硝酸（也可用鹽與礬的混合液）將其塗抹均勻。然後以無煙木炭文火烘烤，使整個抹金面部份所含的水銀蒸發，等冒起一層白煙時，即暫停烘烤，拿硬鬃刷在鍍品表面拍打，使黃金附貼。拍打工作進行至鍍品稍冷卻，水銀停止蒸發就告一段落。接著再烘烤拍打，如此工作重覆進行三、四次，烘烤溫度需一次比一次高，但也不宜超過水銀的沸點攝氏三百六十度太多。舊法用唾液試驗，直到唾液吹至鍍品表面，立即滾下水珠時，就停止增加溫度。另

外還需要用軟布或棉花按擦其表面，因為金泥加熱至較高溫度時，水銀雖大量蒸發成為氣體，但有部份仍然凝結在鍍品上需要擦掉。這樣邊烤邊擦，黃金就更加緊貼鍍品。等到水銀被烘烤氣化淨盡，黃金就會全部露出。為使鍍金面牢固耐久，色澤均勻，常用瑪瑙或硬玉壓光刀在鍍金表面上仔細壓磨，使其光滑。最後需以百分之五至十的稀硫酸或稀硝酸（古法也用烏梅水）及肥皂水，清水沖洗，使鍍金面完全清潔。（劉萬航：〈貼金與鎏金〉故宮文物月刊第 5 期）

24.0mm　8.4g
（合背鎏金）

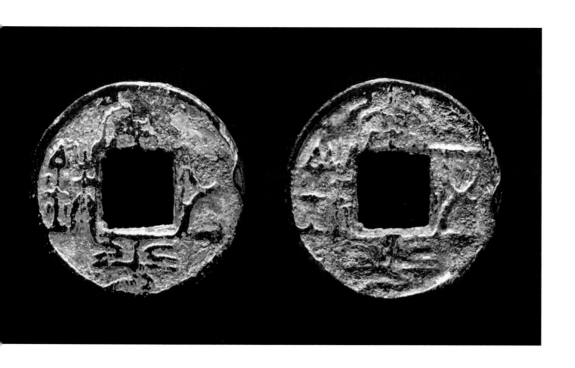

北周

北周

　　北周自西魏宇文泰執政之時，規畫制度，積極奮鬥，採蘇綽之議，創「府兵」之制，兵不離農，不廢生產，軍隊訓練精良，戰鬥力提高。西元557年宇文泰死，子宇文覺廢西魏恭帝自立，是為北周孝閔帝。覺年幼，由宇文泰兄之子宇文護輔政，不久護殺覺立宇文毓，是為明帝，明帝死，又立宇文邕，是為武帝。

　　西元572年武帝殺護親政，建立高度集權統治，亟謀整軍富國之策，將兵權集中，直屬於皇帝；北周武帝為了消滅北齊，統一中原，首先要充實國力，行富國強兵之策，在當時北周和北魏時期一樣，境內的佛教勢力很大，寺院的經濟力量雄厚，除了廣大的寺產福田之外，還擁有眾多的依附人口，稱「僧祇戶」，官府的賦役徵調蒙受很大損失，對北周政權的集中人力財力政策是一大障礙；所以武帝在建德三年（西元574年）下令廢佛，沒收各地寺產，銷毀銅像改鑄兵器，令僧尼還俗，寺院蔭戶編入戶籍為納稅戶。毀佛滅法的結果，使「租調年增，兵師日盛」，對於北周國力的增強大有裨益，因而不到五年終於統一了北方。

　　周武帝死後宣帝繼位，在位僅二年，後繼者是年僅八歲的靜帝，政權落入漢人楊堅之手，楊堅是宣帝楊皇后之父。西元581年楊堅廢靜帝，篡位自立，北周亡。（西元556～581年）

▲ 後周武帝：
宇文邕在位十八年，毀滅佛法，使租調年增，兵師日盛，因而不到五年終於統一了北方。（閻立本繪）

北周的錢幣：

　　《隋書‧食貨志》：「後周之初，尚用魏錢。及武帝保定元年七月，乃更鑄『布泉』之錢，以一當五，與五銖並行。……建德三年六月，更鑄『五行大布』錢，以一當十，大收商估之利，與布泉並行。……至靜帝大象元年十一月，又鑄『永通萬國錢』。以一當十，與五行大布及五銖，凡三品並用。」

　　北周初年所用的錢幣除了前幾朝的五銖和永安五銖，到保定元年才開始鑄錢，一共發行了三種。

布泉：（A.D.561）

　　武帝保定元年鑄（西元 561 年），錢徑約 2.6 厘米，重約 3.8 克，錢徑大體一致，沒有小樣錢發現；在製作、文字方面甚少變化。

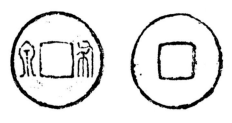

25.0mm　3.8g

五行大布：（A.D.574）

　　武帝建德三年鑄（西元 574 年），五行大布是北周錢中式
樣比較多的一種，嚴格地說只有大樣（錢徑 2.7 厘米）；中樣
（錢徑 2.5 厘米）的錢算是正式官爐，中樣應該是減重後的官
爐錢；其它小於 2.3 厘米錢徑的錢應該歸在私鑄錢中，私鑄錢
不但輕小而製作粗糙，有些連背緣，背郭都沒有。

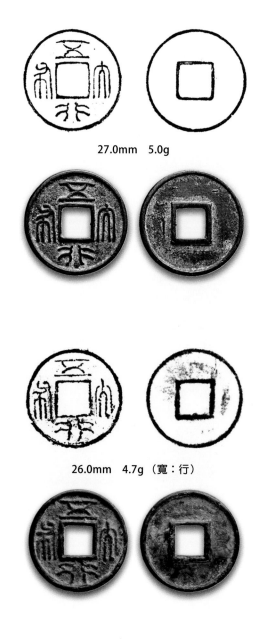

27.0mm　5.0g

26.0mm　4.7g（寬：行）

永通萬國：（A.D.579）

　　靜帝大象元年鑄（西元 579 年），初出重約 6 克，但是遺留下來的很少，一般重約 5 克左右，錢徑約 3 厘米左右；由於當時行用此錢時，在折價上和布泉、五行大布相差甚大，因此私鑄錢很盛，有些小樣的永通萬國重不到 2 克，製作也粗糙。舊錢譜中有特大樣，闊緣的永通萬國錢，非當時的行用錢。

29.0mm　5.3g

24.0mm　3.9g

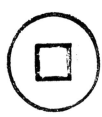

28.0mm　7.4g
（鉛）

43.0mm　14.1g（後鑄）

CHAPTER

五銖異品

五銖異品

　　「五銖」自西漢行用起，經武帝元鼎四年（西元前113年）的統一政策，歷經東漢、魏晉、南北朝至隋，止於唐武德四年（西元621年）其行用達一千二百多年，是中國貨幣史上使用最久的錢幣。在這漫長歲月中，歷經各朝代的變革，有政府頒佈的法定「五銖」；有帝王賜予宗親大臣的賜爐錢；也有放令民間自鑄；更有巧鑿盜剪的五銖。在「劣幣逐良幣」的貨幣理論下，一度使五銖錢的重量，空有其名，輕到「入水能浮」的形容。

　　在長久使用五銖錢期間，在錢幣面上、背上常有些特殊記號、文字、圖案或因宗教信仰用途，或製作上的錯誤，形成特殊式樣的「五銖異品」。泉幣收藏家從變體、稀少、趣味的角度來欣賞它，並賜予雅稱。

23.0mm　4.2g （合背）

25.0mm　7.4g （合背．鉛）

25.0mm　3.3g（錫）

25.0mm　2.7g
（背：上下豎文）

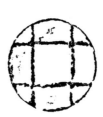

24.0mm　3.7g（背：井）

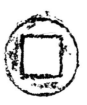

12.0mm　2.2g（面：下五）

25.0mm　6.5g

（面：五五．背：四決．星月）

20.0mm　2.3g

（面：五五）

25.0mm　3.4g

（面：五五）

吉語錢：

24.0mm　5.5g
（日入千金 . 長相勿忘）

25.0mm　5.5g（宜財永著）
（林春雄 藏）

26.0mm　3.8g（人合宜男）
（林春雄 藏）

25.0mm　4.1g（辟兵）
（林春雄 藏）

「祖巳必祭．長宜子孫」

祖巳是人名，商代薛國人。商王之師，事商武丁。《竹書紀年》：「武丁二十九年，彤祭太廟，有雉來...。」
武丁祭祖，一隻雉鳥突然飛到盛祭品的鼎上鳴叫，武丁認為是損國折壽不祥之兆。祖巳藉這件事諫武丁不要迷
畏鬼神，俱怕妖孽。人只要行義事、正事，妖孽豈能奈我何，王的職責主要是關心民眾的疾苦，多為人民辦好
事，求福於神不是君王的職責，求神不如修德。有祖巳在武丁身邊，武丁終於成為商代明君。
（劉春聲：〈趣味盎然的早期壓勝錢〉，《中國錢幣》第 3 期 (2010 年)）

「王泉辟兵．宜官秩．宜子孫」

王泉指：正財。辟兵指：避開戰亂。宜官秩指：作官不斷升遷。
左右兩只「華勝」漢代婦女髮髻上的裝飾，意指王母娘娘保佑，另有雙魚、金剛杵、帶鉤、乳丁紋、月、孕星等。

「樂無事・宜酒食」、「壽西王母・大宜子孫」上下左右飾規矩紋。

「五銖宜官．大利宜子孫」
北斗七星紋：《尚書緯》：「七星在人為七瑞。居天之中，當昆崙之上，運轉所指。」是寄託保佑之義。

「卍」字五銖：

　　佛教為印度釋迦牟尼所創，約與孔子同時。（西元前565～485年）釋迦牟尼原名悉達多·喬達摩，釋迦是其族姓，牟尼即聖人，合起來之意是說：他是釋迦族的聖人；他原是古印度一個叫淨飯大王的兒子，29歲出家，初投婆羅門教學道，六年不成，幾乎餓死。後得牧羊女以羊奶相救，並於菩提樹下苦坐若干晝夜，忽然覺悟，自認悟出了人生的真諦；人類的一切煩惱、憂怨、愛憎、樂苦他都理解透徹，故而自認為成了佛。「佛」，漢語意即「覺悟」。

　　他創造了使佛教延續幾千年的「眾生皆苦，因果輪迴」這一基本理論。佛經解釋說大千世界充滿苦情，人不管貧富，為官為民，其樂短暫，其苦幽深，人生眨眼即逝，終免不了輪迴投胎轉世；若精勤佛事，如釋迦一般修煉超脫輪迴達到涅槃，進入了靈魂永恆的境界，那麼就可到達極樂世界，無憂無慮享樂不盡。

　　佛教的盛世，在印度阿育王時代，其高僧四出傳教，有北至大月氏、大夏國者。漢哀帝元壽元年（西元前2年），大月氏使者東來，佛教始入中國本土；漢明帝曾遣蔡愔等往大月氏求佛經，永平十年（西元67年）回到洛陽，天竺沙門攝摩騰、竺法蘭同來，特為建立白馬寺。他們譯《四十二章經》，為中國譯佛經之始。不過在東漢時代，佛教尚未大盛。

　　魏、晉時期，由於政治社會的大亂，不管貧賤富貴，生命如蜉蟻，一夕之間因戰火而化為烏有，這種世間無常，正符合了佛家思想，方助長了佛教的傳播，從此以後，中國思想的舞台上，便另有一新轉向。

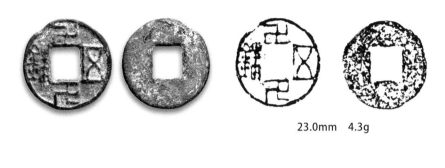

23.0mm　4.3g

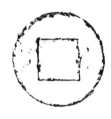

25.0mm　2.7g

這「卍」字五銖的鑄造，是在這時代以後民間私鑄的產物，人們繫在身上祈求佛祖釋迦牟尼保祐，作爲平安符之用途，或是宗教上用途。那麼「卍」字是什麼意思？據釋聖嚴法師在《學佛群疑》一書中道：「卍字是佛的三十二種大人相之一。釋迦菩薩在未成佛時，胸臆間即有功德莊嚴金剛卍字相。這就是說胸臆功德相。『卍』僅是符號，而不是文字，它是表示吉祥無比，稱爲吉祥海雲，又稱吉祥喜旋。」因此，在《大般若經·第三百八十一卷》說：「佛的手足及胸臆之前都有吉祥喜旋，以表佛的功德。」

「卍」字的符號，有向右旋——卍；有向左旋——卐。根據《慧琳音義·第二十一卷》、《慧苑音義》及《華嚴經》等，總共有十七處說到卍字相是右旋；但是《陀羅尼集經·第十卷》所示摩利支天像所拿的扇子中，所畫的卍字是左旋——卐。還有日本奈良的藥師寺的藥師佛佛像腳下的卐字相，也是左旋，但是多數的記載是右旋。

在近代，右旋或左旋，時有爭論。尤其是在二十世紀的四十年代，歐州的希特勒也使用卍字相來做爲他納粹主義的標幟。此後，即有更多的爭論，有的說希特勒所用的是左旋，佛教所用的是右旋。其實在唐朝的武則天武后時代，曾經創造了一個字——卍字，念做「日」字，象徵太陽的意思，就是左旋；希特勒使用的是斜角的 ⤫；佛教則是正方型的卍字；至於印度教則以右旋表示男性的神，左旋表示女性的神；而西藏的喇嘛教用右旋。

根據日本國士館大學光島督博士的研究卍字本非文字，西元前八世紀時始見於婆羅門教的記載，乃是主神毘濕笯的胸毛，是稱爲 Vatsa 的記號而非文字，至西元前三世紀始被用於佛典。

總之，在佛教不論右旋、左旋卍字均係用來表徵佛的智慧與慈悲無限；旋迴表示佛力的無限運作，向四方無限延伸、無盡地展現、無休無止地救濟十方無量的眾生。故亦無須執著、揣摩卍字形相的表現是右旋或左旋了。

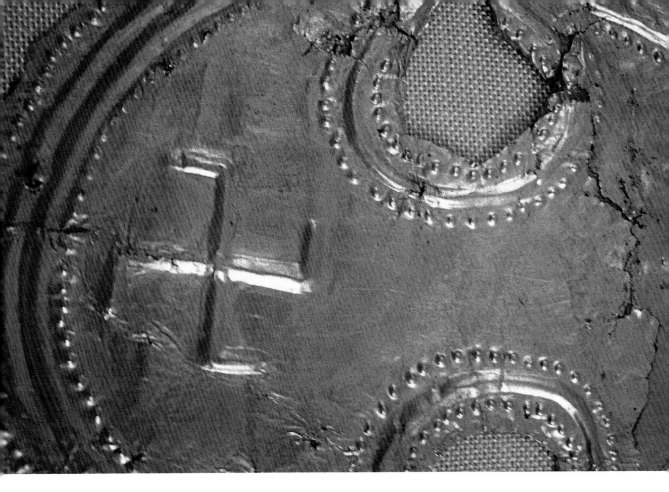

▲ 克諾索斯王宮博物館展出的「卍」字金飾：20世紀初英國考古學家阿瑟‧愛文斯在希臘克諾索斯挖掘出古代的王宮遺址（就是現在的克諾索斯王宮博物館）

米諾斯文明（Minoan civilization），或譯作邁諾斯文明、彌諾斯文明、邁諾安文明或邁諾亞文明，是愛琴海地區的古代文明，出現於古希臘，邁錫尼文明之前的青銅時代，約西元前2700年至前1450年。該文明的發展主要集中在克里特島。

◄ 《陀羅尼集經‧第十卷》摩利支天像所拿的扇子，是左旋卐字。

➤ 杭州南屏晚鐘，巨大鐘面上鑄滿卍字吉祥符號。

➤ 和田回教寺院的藻井、欄杆上圖飾以卍字為圖案，倒是有趣，或許和田一帶，古時為佛國于闐的關係。

▲ 白馬寺：
東漢明帝永平七年（西元 64 年）夜夢金人，乃遣蔡愔等於永平八年往西域求佛法，於永平十年得佛經與迦葉摩騰、竺法蘭等印度僧人回長安，並在洛陽建白馬寺譯經，這是佛教傳入中國之始。

◄ 竺法蘭像。

五金：

六朝的「五金」錢，也是當時瘋狂私鑄薄小錢的產物。其形制源起於綖環錢，當時人們取一舊漢五銖，圓鑿為二，其外環部份錢文只剩「五金」二字，爾後，幣制混亂，輕薄小錢充斥市面，用外環之區者，加鑄五金錢；用內環之區者，加鑄五朱錢。史書「薄甚榆莢，上貫便破，置之水上，殆欲不沉。」因流行輕薄之錢，乃取「五金」兩字鑄之，可省筆易事五金錢之由來也。

五金錢，有銅、鐵兩種，錢文「金」字也有寫成「釒」，亦有傳形，一般錢譜都將它歸類為六朝之物，筆者認為不妥，且就提出來討論之。

近年來漢畫磚大量出土，其中更有不少「錢幣紋」磚，這些漢代畫磚為當代貴族墓室內外建築材料，又是墓室的裝飾品。漢代是特別講究厚葬，當時人們的觀念是「謂死如生，閔死獨葬，魂孤為副，丘墓閉藏。谷物乏匱，作偶人以侍尸柩，多藏食物以歆魂。」《論衡・薄葬篇》。這種厚葬之風是由上而下，權貴者，把生時的一切享樂都盡量帶進墳墓裡去，特別是把生前用的錢幣也欲帶進墓室，這是四川漢代錢幣紋畫磚為什麼出土這麼多的原因，反映出漢代當時人們的思想和崇拜貨幣的心理。

這些出土的錢幣紋磚上有：大泉五十、五銖、五金、五王、五工、五五、十十及璧幣紋等方孔錢，文字和現在存世的金屬貨幣形制相同；另外磚紋有仙人騎馬、鳳闕、雙鳳，也有吉祥語：富貴等；重要的是年號銘文如「永元八年」紀年，是東漢和帝年號（西元 96 年）。這磚上的紀年，明顯告訴我們它不是六朝之物。當時這些畫磚的燒製，當然是反映當時生活用具，因為從出土的漢畫磚上的圖案來看，幾乎是一模一樣生動表現當時生活狀況，如田園採桑、狩獵、市井、膳房，甚至行賂圖、野合圖（春宮圖）也都毫不忌諱的表現在畫磚上；當然錢幣的圖案也不

例外，錢幣紋磚中的大泉五十、五銖是當時的行用錢，其他如：璧幣紋、五五、五金、五王等應該不是當時通用貨幣。

這些錢紋，我認爲和當時另一種貨幣崇拜物和陪葬品搖錢樹有關。從出土搖錢樹上的錢幣面文上來看，有：利後五銖、五銖、五金、五五、大泉及璧幣紋等等，這和錢幣紋磚上的圖案相同，而且每個錢文都有線紋聯結，意義是連綿不絕。漢人厚葬之動機，其迷信「謂死如一生」，另一用意也希望能福蔭子孫，這和現代人過世後的種種道教儀式是同一意思。

「五金」之意，《漢書・食貨志》指「金、刀、龜、貝」。顏師古注「金謂：五色之金也，黃者曰金，白者曰銀，赤者曰銅，青者曰鉛，黑者曰鐵。」後稱：五金爲金、銀、銅、鐵、錫。今之稱：五金，則將銅鐵等金屬製品統稱：五金，如五金行、五金公司等商家。所以，筆者認爲「五金」錢，有一部份是漢代當時爲陪葬而鑄的冥幣，或是搖錢樹上的錢幣，因爲「五金」二字本身代表的是豐富多樣的金屬；和漢的「五銖」是本身重量表示，這兩者意思完全不同。尤其「五」字，古來即代表「多」的意思，如：五穀豐收、五世其昌、五花八門等等。如此視「五」爲「多」那所表示的意思就很明確，如：「五金」爲「多金」之意，「五泉」爲「多泉（錢）」之意，那「五五」爲「多多」之意，若不視作「多」意，則讀成「無無」。「五」和「無」同諧音，那豈不成了咒語。所以這一部份「五金」錢應是漢、三國時的冥幣或搖錢樹上的小銅幣。

漢～六朝時期的畫磚紋。

26.0mm　3.4g（讀：多金）

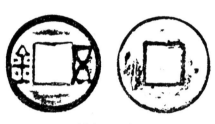

25.0mm　2.7g

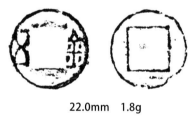

22.0mm　1.8g

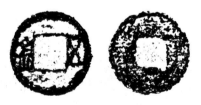

22.0mm　2.7g（鐵）

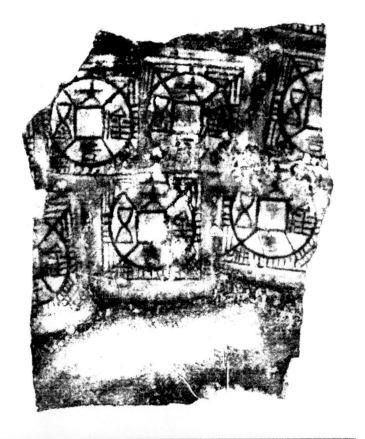

◄該錢文陶片出土於魯曲阜城東北周公廟後。（劉廣志 藏）

◄大吉五金：
此錢文乃民間吉祥語錢紋，而非當時行用貨幣。

大吉銖 .19.0mm　1.6g
（讀：大吉五銖）

漢畫磚上「五五」錢文的五銖錢。

21.0mm　2.5g
（讀：錢多多）

26.0mm　7.4g
（也可讀：五銖多多）
（鉛）

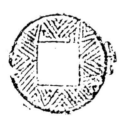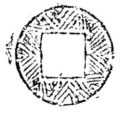

27.0mm　2.5g
（菱形紋）

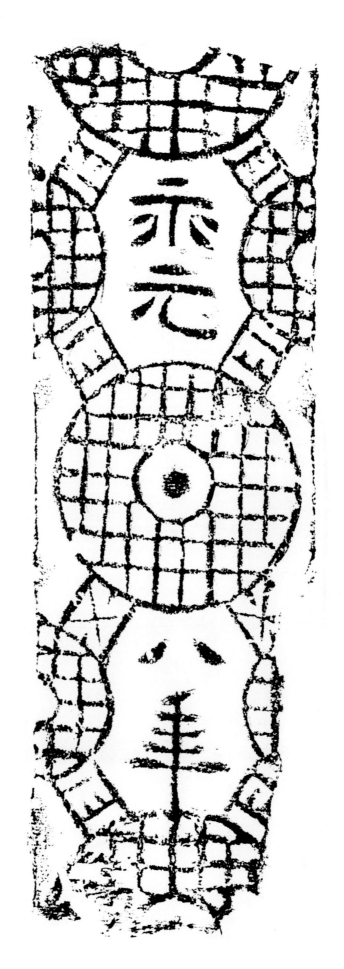

「永元八年」磚拓，永元是東漢和帝年號，八年即西元 96 年。

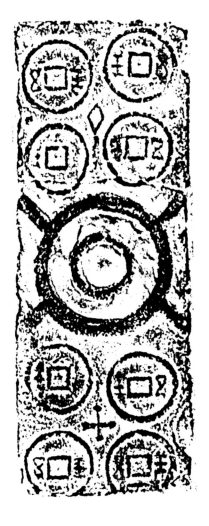

五王陶幣（非行用幣）
徑：18.0mm　重：1.4g
王：《說文解字》：王者，天下所歸往也。董仲舒釋：
古之造文者，三畫而連其中謂之王，三者天地人，
而參通者，王也。

MEMO

國家圖書館出版品預行編目資料

兩漢貨幣通覽 / 蔡啓祥著. -- 初版. -- 臺北市 :
蘭臺出版 : 博客思發行, 2017.08 面; 公分
ISBN 978-986-5633-63-9(精裝)

1.貨幣史 2.魏晉南北朝

561.092   106012950

考古文物 8

魏晉南北朝貨幣通覽

作　　者：蔡啓祥

編　　輯：張加君

美編設計：涵設

出 版 者：蘭臺出版社

發　　行：博客思出版事業網

地　　址：台北市中正區重慶南路一段121號8樓之14

電　　話：(02)2331-1675或(02)2331-1691

傳　　真：(02)2382-6225

E-MAIL：books5w@yahoo.com.tw或books5w@gmail.com

網路書店：http://bookstv.com.tw/、http://store.pchome.com.tw/yesbooks/

　　　　　華文網路書店、三民書局

　　　　　博客來網路書店 http://www.books.com.tw

總 經 銷：聯合發行股份有限公司

電　　話：02-2917-8022　　傳　　真：02-2915-7212

劃撥戶名：蘭臺出版社 帳號：18995335

香港代理：香港聯合零售有限公司

地　　址：香港新界大蒲汀麗路36號中華商務印刷大樓

　　　　　C&C Building, 36, Ting, Lai, Road, Tai, Po, New, Territories

電　　話：(852)2150-2100　　傳　　真：(852)2356-0735

總 經 銷：廈門外圖集團有限公司

地　　址：廈門市湖里區悅華路8號4樓

電　　話：86-592-2230177　　傳　　真：86-592-5365089

出版日期：2017年8月 初版

定　　價：新臺幣800元整

ISBN：978-986-5633-63-9(精裝)